高职高专会计专业项目化系列教材

会计综合实训
（第2版）

杜希杰　主　编
陈桂梅　王和英　副主编

清华大学出版社
北　京

内 容 简 介

本书以会计岗位职业能力需求为导向,根据模拟会计资料进行综合实训,系统介绍了会计人员必备的会计技能和业务知识,让学生通过实际操作认识和掌握会计知识,增强学生对会计专业知识的理解和感性认识,提高学生的操作能力。全书由认知企业和会计工作、建账、日常会计核算、成本核算、期末会计工作、编制报表 6 个项目组成。每个项目下有若干个任务,每个任务后有知识点考核,通过简答题的形式帮助学生梳理该任务学习应掌握的技能点和知识点,并附有知识链接,便于学生进一步学习。

本书既可作为高职高专相关专业学生学习会计课程的教材,又可以作为在职人员学习、培训的参考书。本书配套教学资源可通过扫前言中的二维码获取。

本书封面贴有清华大学出版社防伪标签,无标签者不得销售。
版权所有,侵权必究。举报:010-62782989,beiqinquan@tup.tsinghua.edu.cn。

图书在版编目(CIP)数据

会计综合实训 / 杜希杰主编. — 2 版. — 北京:清华大学出版社,2023.6
高职高专会计专业项目化系列教材
ISBN 978-7-302-63722-6

Ⅰ.①会… Ⅱ.①杜… Ⅲ.①会计学－高等职业教育－教材 Ⅳ.① F230

中国国家版本馆 CIP 数据核字 (2023) 第 099624 号

责任编辑:高　屾
封面设计:孙祥峰
版式设计:方加青
责任校对:马遥遥
责任印制:沈　露

出版发行:清华大学出版社
　　　　　网　　址:http://www.tup.com.cn,http://www.wqbook.com
　　　　　地　　址:北京清华大学学研大厦 A 座　　邮　　编:100084
　　　　　社 总 机:010-83470000　　邮　　购:010-62786544
　　　　　投稿与读者服务:010-62776969,c-service@tup.tsinghua.edu.cn
　　　　　质 量 反 馈:010-62772015,zhiliang@tup.tsinghua.edu.cn
印 装 者:三河市龙大印装有限公司
经　　销:全国新华书店
开　　本:185mm×260mm　　印　张:20.5　　字　数:487 千字
版　　次:2019 年 3 月第 1 版　2023 年 8 月第 2 版　　印　次:2023 年 8 月第 1 次印刷
定　　价:79.00 元

产品编号:100638-01

前　言

会计专业的学生毕业后在刚刚从事会计工作的时候，大多数都会手足无措，面对实际工作，该做什么、不该做什么完全不清楚；不知道会计工作从哪里开始，到哪里结束；在学校曾经学习过的专业知识无用武之地，无法和实际工作有效地结合……因此，缩小教学理论与实际工作的差距，让学生具备和岗位相匹配的职业能力，能够满足工作要求，是职业教育面临的紧迫任务。

本书以会计岗位职业能力需求为导向，根据模拟会计资料进行综合实训，让学生通过实际操作认识和掌握会计知识，增强学生对会计专业知识的理解和感性认识，提高学生的操作能力。本书是作者企业工作经验和多年教学经验的结晶，系统介绍了会计人员必备的会计技能和业务知识，既可作为在校学生学习会计课程的教材，又可以作为在职人员学习、培训的参考书。

本书突出体现了高等职业教育特色，并在以下三个方面有所创新。

第一，任务简单。本书选用的会计核算资料均来自作者的实际工作和调查研究，都是企业日常发生的经济业务，所使用的原始凭证、记账凭证和会计账簿等教学资料最大限度地和实际工作资料保持一致，目的是让学生通过学习掌握真实的会计核算方法，为以后走上会计岗位、从事会计工作奠定坚实的基础。

第二，项目教学。本书采用项目教学方式，每个项目下有若干个学习任务。项目三~项目六中的每个学习任务包含多个业务。第一个业务由教师和学生共同完成，最后一个业务用于考核学生的学习效果，其余业务由学生在课堂上完成。每个学习任务后都有知识点考核，通过简答题的形式帮助学生梳理该任务应掌握的知识点和技能点。

第三，内容创新。本书所使用的资料均来自实际工作，原始凭证按照实际工作的要求加盖了财务专用章、法人章、银行业务章等印鉴，以便学生更好地认识凭证，能够缩小和实际工作的差距。

第2版更新了一些陈旧的数据，每个任务新增了工作清单和考核报告单，以帮助学生更好地掌握相关知识。同时，第2版采用了活页式教材的方式，便于学生进行实操部分的练习，以适应未来的岗位需求。

本书是校企合作的产物，在编写过程中，得到了沈阳浩元财务咨询有限公司的大力协助。本书由杜希杰任主编，陈桂梅、王和英任副主编。

本书在编写过程中，参阅了大批专家、学者公开出版的专著和教材，以及相关网站的资源，在此一并表示感谢。限于编者的学识水平，书中难免存在疏漏和不妥之处，恳请大家批评指正。

编　者

2023年8月于沈阳

会计人员职业道德规范

坚持诚信,守法奉公。

坚持准则,守责敬业。

坚持学习,守正创新。

目　　录

课程说明 ··· 1

项目一　认知企业和会计工作 ·· 7
　　任务1-1　认知企业 ··· 9
　　任务1-2　认知会计工作 ·· 11

项目二　建账 ·· 25
　　任务2-1　建立手工账 ·· 27
　　任务2-2　建立计算机账 ·· 36

项目三　日常会计核算 ··· 37
　　任务3-1　销售、采购业务核算 ·· 41
　　任务3-2　发放工资、购买固定资产业务核算 ··························· 43
　　任务3-3　收发存货、报销业务核算 ··· 45
　　任务3-4　销售、缴费业务核算 ·· 47
　　任务3-5　编制科目汇总表1 ··· 49
　　任务3-6　收发存货、销售业务核算 ··· 51
　　任务3-7　纳税、现金业务核算 ·· 53
　　任务3-8　销售、报销业务核算 ·· 55
　　任务3-9　销售、捐赠业务核算 ·· 57
　　任务3-10　销售、职工福利业务核算 ······································· 59
　　任务3-11　编制科目汇总表2 ··· 61

项目四　成本核算 ·· 63
　　任务4-1　水电费业务核算 ··· 65
　　任务4-2　职工薪酬业务核算 ·· 67
　　任务4-3　分配辅助生产费用和分配制造费用业务核算 ············· 68
　　任务4-4　计算与结转产品成本 ·· 70

项目五　期末会计工作 ··· 71
　　任务5-1　期末账项调整 ·· 73
　　任务5-2　结转损益和所得税 ·· 75

    任务5-3 分配财务成果 …………………………………………………… 76

项目六 编制报表 …………………………………………………………………… 77

    任务6-1 期末对账、结账 ………………………………………………… 79
    任务6-2 编制资产负债表和利润表 ……………………………………… 80
    任务6-3 纳税申报 ………………………………………………………… 81
    任务6-4 财务分析 ………………………………………………………… 82

项目任务单 …………………………………………………………………………… 83

附录 会计业务原始单据 ………………………………………………………… 127

课程说明

会计综合实训是高职大数据与会计专业的一门综合实训课程，以培养学生的会计综合职业能力和职业素养为目标。

本课程是在基础会计、财务会计、成本会计、会计信息化等课程的基础上开设的，旨在为大数据与会计专业学生今后的顶岗实习和从事实际会计工作打下基础。

一、实训目标

通过会计综合实训，可以提高学生的会计综合职业能力，包括职业判断能力、职业胜任能力、职业综合技能。

(一) 职业判断能力

(1) 能够根据原始凭证判断企业经济业务的性质，从而进行正确的会计处理。
(2) 能够发现企业经营管理中存在的问题，提出合理化建议。
(3) 能够发现错误并进行正确的处理。
(4) 能够对经营过程中发生的特殊事项进行判断，并做出正确的会计处理。

(二) 职业胜任能力

(1) 能够胜任出纳岗位，具有从事出纳工作的能力。
(2) 能够胜任会计核算各个岗位，具有填制会计凭证、登记明细账的能力。
(3) 能够胜任总账会计岗位，具有登记总账、编制会计报表及进行财务分析的能力。

(三) 职业综合技能

(1) 能够熟练地完成手工和计算机建账。
(2) 能够完成采购、生产、销售、成本和费用计算、利润形成及分配等经济业务的会计核算。
(3) 能够填写各种原始凭证、填制记账凭证、登记会计账簿、编制会计报表。
(4) 能够进行期末结转、对账、结账，编制科目汇总表。
(5) 能够利用财务报表进行财务分析。
(6) 能够根据会计核算资料编制纳税申报表。
(7) 能够有效管理会计档案。

二、实训内容

会计综合实训按照教学要求,构建了一个制造业会计业务处理过程的学习项目,带领学生体验会计核算的全过程,包括认知企业和会计工作、建账、日常会计核算、成本核算、期末会计工作、编制报表6个子项目。

(1) 认知企业和会计工作:了解企业基本情况、内部会计制度、会计工作方式。

(2) 建账:建立总账、明细账和日记账,设置会计科目,录入期初余额。

(3) 日常会计核算:投资和银行借款的核算;存货采购、赊购、入库、出库及退回的核算;购买、报废固定资产和无形资产的核算;产品的销售、赊销、销售折扣与折让、销售退回的核算;往来款项、费用的核算等。

(4) 成本核算:修理费、水电费、计提折旧的核算;职工薪酬的核算;制造费用的归集和分配;生产成本的归集和分配。

(5) 期末会计工作:期末账项调整,包括计提利息费用、计算并结转各种税费、计提资产减值准备、结转损益、计算利润及利润分配;期末对账与结账,包括账账核对、账证核对、账实核对、编制银行对账单、往来款项清查、编制试算平衡表和结账。

(6) 编制报表:编制会计报表,包括资产负债表、利润表、现金流量表、所有者权益变动表;编制纳税申报表,包括增值税、所得税纳税申报表;财务指标的计算与分析。

三、实训条件

(一) 实训场地

实训场地应满足会计工作的要求,根据会计工作设置会计岗位,布置工作场景,营造真实的工作氛围。在实训室内布置会计核算程序图、成本核算程序图、生产流程图、会计岗位职责图等,可以设置模拟银行、税务局、人社局等相关单位和部门。

(二) 实训设备

1. 会计手工实训室

(1) 办公桌椅。可以按组摆放,和实际企业会计部门的布局类似。

(2) 多媒体教学设备。供指导教师使用的计算机1台、投影仪1台、音响设备1套、订书机1个、财务装订机2个。

(3) 印章。每个小组(4人)一套,包括模拟企业的公章、财务专用章、法人名章、发票专用章(可以用财务专用章代替)、学生个人名章。

(4) 会计办公用品。每个小组(4人)一套,包括黑色记账笔4支、红色记账笔1支、直尺1把、印台1个、胶水1瓶、大头针1盒、铅笔1支、橡皮1块、资料夹1个。

2. 会计信息化实训室

会计信息化实训室与会计手工模拟实训室布局相似,每个小组配备计算机4台,安装财务软件,组成局域网络。

(三) 实训资料

1. 会计综合实训教材

教材包括项目导入、会计部门填制的空白原始凭证、学习任务、归纳小结等内容。会计部门填制的空白原始凭证主要如下。

(1) 银行结算票据，包括模拟支票、进账单、银行汇票、银行本票、商业汇票、电汇、委托收款凭证等。

(2) 税务票据，包括模拟增值税发票、服务业发票、商业发票等。

(3) 各种计算表、收据、分配表等。

2. 空白会计资料

空白会计资料主要包括各种记账凭证、各种账簿和各种报表。

(1) 各种记账凭证，包括通用记账凭证或者收款凭证、付款凭证、转账凭证，科目汇总表，凭证封皮等。

(2) 各种账簿，包括现金日记账和银行存款日记账、总账、三栏式明细账、多栏式明细账、数量金额式明细账、账簿启用表等。

(3) 各种报表，包括会计报表(资产负债表、利润表、现金流量表、所有者权益变动表)和纳税申报表(增值税申报表、所得税申报表、城市维护建设税及教育费附加申报表等)。

四、实训要求

(一) 对教师的要求

会计综合实训是培养学生综合运用专业知识进行会计核算的课程，要求教师认真负责，在授课过程中做到有计划、有指导、有讲评、有成绩，教师需要具备基础会计、财务会计、成本核算、会计信息化、税费计算与申报等课程的专业知识，还要紧跟会计、税收等政策变化，及时更新知识，指导学生顺利完成实习任务。

1. 学习规章制度

在学习前组织学生学习《会计基础工作规范》，要求学生熟练掌握如何填制会计凭证，包括日期、摘要、会计科目、金额、附件张数等；掌握登记会计账簿的要求；掌握记账、对账和结账，以及发现错账如何更正等。

2. 控制实习进度

教师在指导学生时，要做到指导明确、及时，防止学生因为实习任务过难导致实习任务停止或者延缓，帮助其在规定学时内完成实习任务。

3. 及时总结

每次实习任务结束时，教师要及时总结本次实习任务的重点、难点，需要学生掌握的知识点；实习中期编制科目汇总表时，要求学生按照实习岗位撰写岗位实习总结，按照小组制作PPT进行汇报；实训结束后，要求学生整理会计档案，装订会计凭证，及时撰写会计实训报告，总结实习的经验和教训，指出实训中存在的问题、需要改进的地方等。

(二) 对学生的要求

会计综合实训旨在培养学生综合运用所学知识完成制造企业会计核算的能力，要求学生积极主动完成各项任务，在实训中坚守职业道德，提升职业能力。

1. 职业道德为先

(1) 独立完成分配的工作任务，不抄袭他人的劳动成果。

(2) 会计处理符合会计法规的要求，不敷衍，不糊弄，对每一项任务要知其然并知其所以然。

(3) 每一项任务完成后及时总结，反思错误根源，避免再犯类似错误。

2. 职业能力为重

(1) 熟练填制会计凭证，登记会计账簿，编制会计报表。

(2) 会计文字、数字书写正确，发现错误，按照会计制度的规定更正。

(3) 能够运用专业知识完成对经济业务的会计处理。

(4) 对于会计资料，能够及时整理，装订成册，归档保管。

五、实训方法

会计综合实训主要采用项目教学法，结合角色扮演法进行教学。

在模拟企业环境下，根据会计工作要求，4名学生组成学习小组，分别担任会计主管、出纳、制单会计、记账会计等角色，承担相应会计岗位的工作任务，共同处理会计业务；然后各个岗位进行轮换，掌握不同岗位的不同技能，熟悉会计工作流程，增强对会计工作和会计岗位的认识，缩短职业适应期，提高处理会计综合业务的能力。

会计业务处理一般有三种方式，包括手工处理方式、手工与计算机结合处理方式和计算机处理方式。根据当前"互联网+"的时代背景和现代职业教育发展的趋势，计算机处理方式是未来发展的方向，为了让学生熟练掌握会计工作流程，熟练运用会计技能，在实训中采用手工与计算机结合处理方式进行期初建账、日常会计核算、期末会计处理，形成手工和信息化两套会计资料。学生可以体会两种处理方式的不同，通过信息化处理方式发现手工处理方式存在的不足，感受信息化处理的便捷和强大。

六、考核评价

本课程采用"综合评分法"，采用百分制对学生的学习情况进行考核，包括过程考核和结果考核，其中过程考核占60%，结果考核占40%。成绩汇总表如表0-1所示。

表0-1　成绩汇总表

班级：　　　　　小组：　　　　　　　　　　　　　　　　　　　年　月　日

姓名	过程考核(60%)					结果考核(40%)			得分
	项目二 10%	项目三 25%	项目四 20%	项目五 20%	项目六 25%	实训资料 40%	小组汇报 30%	实训报告 30%	

1. 过程考核

过程考核按照学习项目进行考核。项目二至项目六的权重分别为10%、25%、20%、20%、25%，每个项目的考核以小组为单位，分为专业技能和职业素养两个方面。具体考核时，先小组之间进行互相考核，然后再进行教师评价。过程考核评分表如表0-2所示。

表0-2　过程考核评分表

学习项目：　　　　　小组：　　　　　　　　　　　　　　　　　　年　月　日

考核项目		权重	小组得分 50%	教师评价 50%	综合得分
专业技能 (60%)	原始凭证	15%			
	记账凭证	15%			
	日记账	10%			
	明细账	10%			
	总账	10%			
职业素养 (40%)	工作效率	15%			
	工作质量	15%			
	沟通协作	10%			
合计					

评价小组：

2. 结果考核

结果考核包括学生提交的实训资料、小组汇报和实训报告，比重分别为40%、30%、30%。

实训资料包括装订好的会计凭证、会计账簿和会计报表，如果不提交实训资料，则实训成绩为不合格。

小组汇报是以小组为单位进行实训汇报和成果展示。实训汇报的内容包括实训小组的实施过程、工作成果、收获与教训等。展示的成果包括装订完毕的会计档案资料等。如果不进行小组汇报，则实训成绩为不合格。

实训报告是实习结束后上交的总结报告，根据从事的工作进行全方位的总结，在实习过程中有哪些收获，有哪些遗憾，包括小组总结和个人总结，如果没有实训报告，则实训成绩为不合格。结果考核评分表如表0-3所示。

表0-3　结果考核评分表

小组：　　　　　　　　　　　　　　年　　月　　日

考核项目		权重	教师评价	综合得分
实训资料 (40%)	原始凭证	10%		
	记账凭证	10%		
	日记账	20%		
	明细账	20%		
	总账	20%		
	报表	20%		
小组汇报 (30%)	实训汇报	50%		
	成果展示	50%		
实训报告 (30%)	内容完整	50%		
	客观真实	50%		
合计				

01 项目一 认知企业和会计工作

能力目标

- 了解企业的主要产品和生产流程。
- 能够区分各个会计岗位的职责。
- 能够在手工和电算化方式下完成会计核算工作。
- 能够遵守企业会计制度。
- 能够按照会计核算程序完成会计工作。

知识目标

- 掌握会计工作流程。
- 熟悉各个会计岗位的职责。
- 熟悉企业会计制度。
- 掌握会计工作流程。

岗位认知

- 了解企业运行情况。
- 根据会计工作流程完成会计核算工作。

关键词

会计职责、会计岗位、会计制度

知识结构图

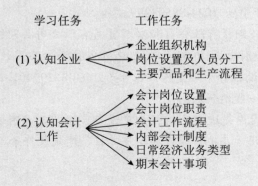

案例分享

会计名家培养工程[①]

为贯彻国家人才战略，推动我国会计人才队伍整体发展，根据《财政部关于印发会计名家培养工程实施方案的通知》(财会〔2013〕14号)规定，2013年财政部启动了"会计名家培养工程"。这一项目的培养对象主要是已在业内具有一定学术水平，且有国内外同行承认的代表作品及其他有影响的重要成果的会计学者。

财政部专门成立了会计名家培养工程领导小组，由财政部分管领导任组长。同时，财政部还为会计名家培养工程项目拨付专门经费，包括选拔评审经费和课题研究资助扶持经费。其中，每位入选会计名家、进行课题研究的学者将得到资助期限为3年、总额为40万元的资助经费。

会计名家培养工程每年只选出10位年龄在55岁以下的会计学者进行培养，主要由具有会计学博士授予权的高等院校、科研单位、三家国家会计学院等单位推荐，专家评委会主要从道德水平、学术造诣、标志性教学成果、为我国的会计教育事业做出的较大贡献等方面进行综合考评。

会计名家培养对象的遴选分期分批进行，2013—2016年选拔培养40人左右，然后对工程进展情况进行中期评估。

截止到2022年11月，会计名家培养工程已经遴选、培养70人，其中2013—2019年每年录取10人，2020年和2021年未开展该工程。

分析提示： "会计名家"是会计人最高的职业荣誉之一，道德水平高、学术造诣深、教学成果强、会计教育贡献大是"标配"，每一位"会计名家"都是德高望重的会计学者，为我国的会计教育事业、会计工作做出了突出贡献，是每一个会计人学习的榜样。

项目导入

永兴顺钢构有限公司是专业从事彩色钢板产品研发、生产和销售的公司，地址为沈阳市于洪区天山路188号，电话号码为024-88508299。

该公司于2020年5月由天兴钢材有限公司和永顺贸易有限公司共同投资组建，占地面积4 500平方米，两家公司分别出资180万元和120万元人民币，公司注册资金300万元人民币。该公司开户银行为建设银行于洪支行，账号为200308659940，纳税人识别号为210020060219372l，是增值税一般纳税人。

2020年6月，该公司引进国内先进彩色钢板生产设备，目前产品有彩钢复合板和钢结构两个系列产品，产品主要用于房地产建设和建筑工程、建筑装饰等。

---

① 资料来源：中国会计视野. 2022"会计名家培养工程"拟入围人员公示[EB/OL].(2022-12-28). https://news.esnai.com/2022/1228/237020.shtml. 根据相关文件资料整理。

任务1-1 认知企业

学习任务

一、企业组织机构

企业是指从事生产、服务、流通等经济活动,以生产或服务满足社会需要,实行自主经营、独立核算、依法设立的一种营利性的经济组织。根据组织形式的不同,企业可分为非公司制企业(个人独资企业、合伙企业)和公司制企业(国有独资公司和有限责任公司、股份有限公司),按照行业性质不同,企业可分为工业企业、商业企业、服务业企业,按照规模大小不同,企业可分为大型企业、中型企业、小型企业、微型企业。

永兴顺钢构有限公司是工业企业性质的有限责任公司。本教材以永兴顺钢构有限公司为例进行介绍,帮助学生认知企业。

按照有限责任公司的相关法律规定,公司的权力机构为股东会。公司设立董事会对股东会负责,董事长李若飞为公司的法定代表人。

公司董事长兼任总经理,总经理对董事会负责,下属部门包括办公室、人力资源部、会计部、设计部、制造部、采购部、销售部、质检部8个,其中制造部包括加工车间(一车间)、喷涂车间(二车间)和机修车间。公司的组织结构如图1-1所示。

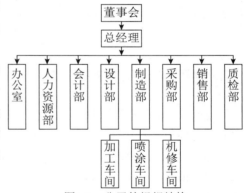

图1-1 公司的组织结构

公司各部门的主要职责如下。

(1) 办公室:负责公司日常管理、行政事务、宣传策划、安全保卫、后勤服务等工作。
(2) 人力资源部:负责公司人力资源管理工作,包括薪酬管理、人事管理等。
(3) 会计部:负责公司会计核算和会计监督工作。
(4) 设计部:负责新产品研发及企业信息化工作。
(5) 制造部:负责公司生产组织与管理工作。
(6) 采购部:负责原材料的采购和材料仓库的保管工作。
(7) 销售部:负责产品的销售和成品仓库的保管工作。
(8) 质检部:负责产品质量的检验工作。

二、岗位设置及人员分工

根据公司各部门的情况设置相应的岗位,全公司现有职工43人,全部为在职人员,岗位设置及人员情况如表1-1所示。

表1-1　岗位设置及人员情况

部门	岗位	姓名	类别	部门	岗位	姓名	类别
办公室	总经理	李若飞	企业管理	加工车间(一车间)	车间主任	李彦波	车间管理
办公室	主任	姜雷	企业管理	加工车间(一车间)	工人兼内勤	张爽	基本生产
办公室	行政管理	王丽丽	企业管理	加工车间(一车间)	高级工人	赵天德	基本生产
办公室	后勤兼司机	李晓龙	企业管理	加工车间(一车间)	高级工人	张震明	基本生产
会计部	部门经理	王宁	企业管理	加工车间(一车间)	工人	季风佳	基本生产
会计部	制单会计	王海涛	企业管理	加工车间(一车间)	工人	罗宇双	基本生产
会计部	记账会计	孙中华	企业管理	加工车间(一车间)	工人	付子豪	基本生产
会计部	出纳	张林	企业管理	加工车间(一车间)	工人	李祥云	基本生产
人力资源部	部门经理	吴岩	企业管理	加工车间(一车间)	工人	周爱国	基本生产
人力资源部	人事管理	萧岩	企业管理	加工车间(一车间)	工人	孙嘉嘉	基本生产
设计部	部门经理	龙云飞	企业管理	加工车间(一车间)	工人	吕红来	基本生产
设计部	设计员	寇云石	企业管理	喷涂车间(二车间)	车间主任	刘洪宇	车间管理
采购部	部门经理	张天宝	企业管理	喷涂车间(二车间)	工人兼内勤	安静	基本生产
采购部	采购员	范明辉	采购管理	喷涂车间(二车间)	高级工人	齐笑天	基本生产
采购部	保管员	钱胜利	采购管理	喷涂车间(二车间)	工人	萧春阳	基本生产
销售部	部门经理	邵春风	销售管理	喷涂车间(二车间)	工人	花瑞	基本生产
销售部	销售员	张玲	销售管理	喷涂车间(二车间)	工人	袁春阳	基本生产
质检部	部门经理	杜雨霏	企业管理	喷涂车间(二车间)	工人	康健	基本生产
质检部	质检员	窦若溪	企业管理	喷涂车间(二车间)	工人	陈峰松	基本生产
制造部	部门经理	白云飞	企业管理	机修车间	车间主任	江涛	辅助生产
制造部	生产计划	唐若曦	企业管理	机修车间	设备维护	杨斌	辅助生产
制造部				机修车间	设备维护	郭风	辅助生产

三、主要产品和生产流程

公司产品的主要原材料为钢管、钢板和彩色涂料,产成品为彩钢复合板(简称A产品)和钢结构(简称B产品)。

加工车间(一车间)从原材料仓库领取钢管、钢板后,进行截材、打孔、加工、组装,送到喷涂车间(二车间);喷涂车间从原材料仓库领用涂料后进行喷涂,包装后送到产成品仓库。机修车间负责为加工、喷涂车间提供设备维修、保养服务。生产基本流程如图1-2所示。

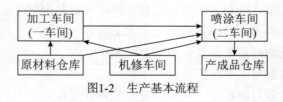

图1-2　生产基本流程

知识点考核

1. 本任务中的公司是什么类型的企业?
2. 本任务中的公司产品使用的原材料有哪些?
3. 本任务中的公司的产品是什么?
4. 本任务中的公司的三个车间的工作职责是什么?

任务1-2 认知会计工作

一、会计岗位设置

(一) 基本原则

按照《中华人民共和国会计法》(以下简称《会计法》)、《会计基础工作规范》《内部会计控制规范》的相关规定，企业应当根据规模的大小、会计业务的繁简和实际工作的需要设置会计工作岗位，既要满足经济管理的需要，又要避免与实际脱节。会计岗位设置的基本原则如下。

(1) 会计岗位设置要与企业的类型和性质、管理体制、组织结构、经营规模及会计工作组织形式相适应，应当体现精简、高效的原则。

(2) 按照不相容职务相互分离的原则，合理设置会计及相关工作岗位，明确职责权限，形成相互制衡的机制。不相容职务主要包括授权批准、业务经办、会计记录、财产保管、稽核检查等。

(3) 要指定会计机构负责人或者会计主管人员负责领导和处理本单位的会计工作。

(4) 会计机构内部应当建立稽核制度。指定专人(专职或兼职)对本单位会计凭证、账簿、报表及其他会计资料进行审核，包括事前审核和事后复核，以保证会计核算资料的合法性、合理性、准确性，保护公共财产，防止出现会计核算工作上的差错和经手人员的舞弊。

(5) 会计机构内部的钱账分管制度，即凡涉及货币资金和财物的收付、结算及其登记的任何一项工作，规定由两人或两人以上分工掌管，以起到相互制约作用的一种工作制度。例如支付现金，应由出纳付款、稽核员审核、记账员登记，不得由一人兼办。其目的主要是加强工作人员间的互相核对，互相牵制，防止失误，及时纠正差错。一旦发生舞弊行为，也易于发现。出纳人员不得兼任稽核、会计档案保管和收入、支出、费用、债权债务账目的登记工作。

(二) 会计岗位分工及主要职责

根据《会计法》的规定，会计机构、会计人员的主要职责是：①进行会计核算；②实行会计监督；③拟订本单位办理会计事务的具体办法；④参与拟订经济计划、业务计划，考核、分析预算及财务计划的执行情况；⑤办理其他会计事务。根据《会计基础工作规范》，一般可以进行以下分工。

1. 会计机构负责人或会计主管

会计机构负责人或会计主管人员要根据国家法规制度，制定企业内部财务会计制度，制定本单位办理会计事务的具体办法；组织筹集资金，节约使用资金，组织编制本单位资金的筹集计划和使用计划,并组织实施;提出财务报告,对会计数据进行分析,汇报财务工作;组织进行企业经营活动分析,参与拟订经济计划、业务计划,考核、分析预算及财务计划的执行情况,参与经营决策;组织会计人员学习,考核调配人员。

使用计算机进行会计核算的情况下,会计主管可兼任会计电算化主管及数据分析员的工作,负责协调计算机及会计软件系统的运行工作,以及对计算机的会计数据进行分析。

2. 会计核算

会计核算人员的主要工作内容包括对货币资金、采购与付款、销售与收款、存货、职工薪酬、固定资产、成本费用、投资、筹资和捐赠等的会计核算。首先由制单会计对经会计主管审核过的原始凭证的经济业务性质进行判断,并据此填制记账凭证;然后由记账会计登记有关会计账簿。

使用计算机进行会计核算的情况下,会计核算人员可兼任软件操作岗位的工作,负责输入记账凭证和原始凭证等会计数据,操作会计软件,登记机内账簿,输出记账凭证、会计账簿、报表等。

3. 出纳

出纳人员应按规定办理货币资金支付手续,负责登记现金日记账及银行存款日记账;负责保管库存现金、有价证券,并保管部分印章。

使用计算机进行会计核算的情况下,出纳人员应负责现金、银行账管理工作,具有出纳签字权、现金和银行存款日记账的查询及打印权、资金日报查询权、支票登记权及与银行对账有关的操作权限。

4. 总账报表

总账报表人员应采用一定的会计核算程序,登记总分类账,根据结账之后的总账和明细账编制财务会计报告并进行财务分析。

5. 会计稽核

会计稽核人员负责对本单位的会计凭证、账簿、报表及其他会计资料进行合法性、合理性、合规性审核,包括事前审核和事后复核。

使用计算机进行会计核算的情况下,会计稽核人员可兼任电算审查工作,负责对输入计算机的记账凭证和原始凭证等进行审核,对打印输出的账簿、报表进行确认;负责监督计算机及会计软件系统的运行,防止利用计算机进行舞弊。

6. 会计档案管理

会计档案管理人员应按规定管理各种会计档案,包括会计凭证、账簿、报表、其他会计资料及会计软件文档等,负责归档、装订、存放和保管等工作。

二、会计岗位职责

在本课程中,安排每4名学生为一组,分别为会计主管(会计部门经理担任)、出纳、制单会计和记账会计,组成模拟公司的会计部,通过分工协作,完成会计核算任务。

(一) 会计主管

会计主管承担会计机构负责人岗位工作，同时还负责会计稽核岗、总账岗、会计档案管理岗和报表岗部分工作，具体包括以下工作职责。

(1) 负责会计部组织管理工作。
(2) 负责组织初始建账工作(包括手工方式和电算方式下建账)。
(3) 负责审核原始凭证、记账凭证和会计报表。
(4) 负责编制科目汇总表、试算平衡表和现金流量表，登记总账。
(5) 负责财务分析工作。
(6) 负责保管一枚法人名章。
(7) 负责会计档案管理工作。

(二) 出纳

出纳承担出纳岗位工作，同时还负责报表装订工作及编制各种税收申报表和社会保险申报表，具体包括以下工作职责。

(1) 填写银行结算凭证，办理货币资金收付手续。
(2) 负责手工登记现金、银行存款日记账，进行账簿管理。
(3) 负责编制各种税收申报表和社会保险申报表。
(4) 负责报表装订工作。
(5) 负责会计软件初始数据的录入工作。
(6) 负责保管一枚财务专用章。

(三) 制单会计

制单会计承担会计核算岗位中的会计确认和计量工作，同时还负责投融资业务的经办岗和报表岗部分工作，具体包括以下工作职责。

(1) 负责编制记账凭证。
(2) 负责编制资产负债表。
(3) 负责银行对账工作及编制银行存款余额调节表。

(四) 记账会计

记账会计承担会计核算岗位中登记各种明细账的工作，同时还负责成本计算工作，财产清查、往来账款管理等会计管理工作，具体包括以下工作职责。

(1) 负责开具发票。
(2) 负责财产物资的收发、增减计算。
(3) 负责登记手工明细账，负责电算方式下的记账工作。
(4) 负责固定资产业务处理、职工薪酬及成本核算。
(5) 负责编制利润表和所有者权益变动表。
(6) 负责往来账款管理工作。

三、会计工作流程

(一) 手工方式下的会计工作流程

会计主管、出纳、制单会计和记账会计协同工作,分岗操作基本工作流程如下。

1. 建账

会计主管建立总账,出纳建立日记账,记账会计建立明细账。

2. 审核原始凭证

会计主管接到外来或自制的原始凭证或原始凭证汇总表后,对其进行合法性、合规性、合理性审核,然后签署审核意见;将审核无误的原始凭证传递给制单会计。

3. 填制记账凭证

制单会计取得已审核的原始凭证后,首先判断其经济业务性质,其次填制记账凭证,然后在记账凭证的"制单"处签名或盖章;将已填制完成的记账凭证及所附原始凭证传递给会计主管进行稽核。

4. 稽核记账凭证

会计主管接到制单会计转来的记账凭证及所附原始凭证,进行认真审核,经审核无误后,在记账凭证的"稽核"处签名或盖章;将审核后的记账凭证,分别传递给相应岗位:将现金凭证和银行凭证及所附原始凭证传递给出纳,将转账凭证及所附原始凭证传递给记账会计。

5. 登记会计账簿

(1) 登记日记账。出纳接到会计主管传递来的现金凭证或银行凭证及所附原始凭证,据此登记"现金日记账"或"银行存款日记账"。登记日记账完成后,在记账凭证的"出纳"处签字或盖章;将记账凭证及所附原始凭证传递给记账会计。

(2) 登记明细账。记账会计接到转账凭证或出纳传递来的现金、银行凭证,据此逐笔登记所属明细分类账;完成登账工作后,在记账凭证的"√"栏内注明入账符号,并且在"记账"处签名或盖章;将已经完成登账工作的会计凭证转给会计主管。

(3) 登记总账。会计主管接到会计凭证后进行科目汇总,登记总分类账。

6. 期末对账

期末时,会计主管与出纳核对总账和日记账;会计主管与记账会计核对总账和明细账,检查是否账账相符;制单会计核对银行存款日记账和银行对账单,编制银行存款余额调节表。

7. 期末结账

会计主管负责编制试算平衡表,会计主管、记账会计和出纳分别对总账、明细账、日记账进行结账。

8. 编制报表及报表分析

制单会计编制资产负债表,记账会计编制利润表和所有者权益变动表,会计主管编制现金流量表。

然后将编制的资产负债表、利润表、现金流量表和所有者权益变动表送交会计主管进行审核。会计主管组织小组成员进行报表分析。

9. 档案管理

制单会计按现金、银行、转账三类对凭证进行顺序编号，折叠整齐。按照装订凭证的规定，加具封面，注明单位名称、年度、月份和起讫日期，并由出纳进行装订。

记账会计将各类账页按不同格式(或类别)装订成册，附上账簿启用登记表。

会计主管将全部会计报表附上会计报表封面，注明单位名称、年度、月份。

所有会计档案应送交会计主管审核，审核合格后，会计主管归档保管等待上交。

(二) 信息化方式下的会计工作流程

会计主管、出纳、制单会计和记账会计协同工作，分岗操作基本流程如下。

1. 系统初始化

会计主管组织进行系统初始化并建账，设置用户及权限，进行参数设置、核算规则设置(如核算科目、固定资产折旧方法、工资分摊比例、自动转账分录等)、基础档案与数据设置。

2. 录入记账凭证

记账会计进行记账凭证录入或生成(含总账系统内转账定义生成、各业务子系统制单生成)。

3. 审核记账凭证

会计主管审核记账凭证，出纳对现金凭证、银行凭证进行签字。

4. 记账与账表管理

制单会计进行记账及总账系统、各子系统账表查询及输出。

5. 期末对账

期末对账时，会计主管进行总账系统与各子系统对账，记账会计进行银行对账。

6. 期末结账

期末结账时，会计主管先进行各子系统结账，再进行总账系统结账。

7. 编制会计报表与进行财务分析

会计主管编制资产负债表、利润表和纳税申报表等，进行主要财务指标分析。

8. 档案管理

记账会计备份账套数据，按规定打印有关账簿并进行装订。

四、内部会计制度

根据现行《会计法》《企业会计准则》《企业财务通则》《内部会计控制规范》《企业产品成本核算制度(试行)》《企业会计信息化工作规范》及有关财经、税收法规制度，为了加强会计核算和内部会计监督，提高会计信息质量，保护资产的安全、完整，结合本公司实际，制定本单位内部会计制度。

(一) 会计工作组织

(1) 手工方式下采用科目汇总表账务处理程序，每10日编制科目汇总表并登记一次总账、日记账根据现金凭证、银行凭证逐笔序时登记，明细账根据记账凭证逐笔登记。

(2) 电算方式下，预先设置五级科目，编码方案为4-2-2-2-2。设置必要的辅助账，库存现金、银行存款设为日记账，银行存款设为银行账，应收账款、应收票据、预收账款设为客户往来，应付账款、应付票据、预付账款设为供应商往来。

规定编码方案如下：结算方式编码方案为2，部门编码方案为2，单价、数量及换算的小数位均为2位。

(3) 采用复式记账凭证，分现金凭证、银行凭证和转账凭证三种类型。会计凭证按月按类型连续编号，采用序时控制、支票控制、资金及往来赤字控制，含有现金和银行存款科目的记账凭证均需要出纳签字。

(4) 手工方式下开设总分类账、明细分类账、现金和银行存款日记账。总账和日记账均采用三栏式账页格式，明细账根据需要分别选用三栏式、数量金额式、多栏式账页格式。

(5) 按规定编制资产负债表、利润表、现金流量表和所有者权益变动表。

(二) 货币资金核算

(1) 库存现金。库存现金实行限额管理，核定的库存现金限额为5 000元。现金的使用范围按《现金管理暂行条例》的规定执行。

(2) 银行存款。公司银行存款只设基本存款账户。

(3) 其他货币资金。本公司在证券公司开设证券资金账户，其款项用于购买股票与债券。本单位不设外币存款账户，如发生外币资金的收付及债权、债务业务，按当日的市场汇率折合人民币记账。

(4) 备用金管理。采购员采用定额备用金制度，其他人员出差预支差旅费，回公司后一次结清。

(5) 用款审批及支付制度。具体规定如下。

- 支付申请。单位有关部门或个人用款时，应当提前填写"付款报告书"或"费用报销单"，向审批人提交货币资金支付申请，注明款项的用途、金额、预算、支付方式等内容，并附有效经济合同或相关证明。
- 支付审批。审批人根据其职责、权限和相应程序在"付款报告书""费用报销单"上对支付申请进行审批。1 000元以内的支付由会计部经理审批。对不符合规定的货币资金支付申请，审批人应当拒绝批准。
- 支付复核。复核人应当对审批后的货币资金支付申请进行复核，复核货币资金支付申请的批准范围、权限、程序是否正确，手续及相关单证是否齐全，金额计算是否准确，支付方式、支付单位是否妥当等。
- 办理支付。出纳人员应当根据复核无误的支付申请，按规定办理货币资金支付手续，及时登记现金日记账和银行存款日记账。

(6) 货币资金的清查制度。每日终了，对库存现金进行实地盘点，确保现金账面余额与实际库存相符。银行存款每月根据银行对账单进行核对清查。发现不符时，应及时查明原因，做出处理。

(7) 结算方式。结算方式有现金、现金支票、转账支票、电汇、银行汇票、银行承兑汇票、委托收款、托收承付等。

(三) 存货核算

公司存货包括原材料、包装物、产成品等。

(1) 各类存货按实际成本核算。

(2) 原材料、包装物等存货发出成本的计价方法采用移动加权平均法，产成品发出成本的计算采用全月一次加权平均法。

(3) 包装物均属于一次性使用包装物，摊销采用一次摊销法。

(4) 存货的盘存采用永续盘存制度。

(5) 上一车间生产的半成品直接转入下一车间进行加工生产，不设半成品仓库。

(6) 入库分为采购入库、产成品入库和其他入库三种，出库分为销售出库和其他出库两种。

(7) 原材料、包装物的存货属性为外购和生产耗用；产成品的存货属性为自制和内售。

(四) 销售与收款

1. 组织销售

(1) 销售部门应按照经批准的销售计划与客户签订销售合同。

(2) 销售部门应根据销售合同开具发票通知单，会计部门根据发票通知单向客户开出销售发票，不允许超发货量开票。

(3) 销售部门应根据合同通知仓库发货，仓储部门应仔细审核销售发货单据，并根据产品出库单办理出库。

(4) 赊购业务应遵循规定的销售政策和信用政策。对符合赊购条件的客户，需经审批人批准后方可办理赊购业务。

(5) 销售退回必须经销售部经理审批后方可执行。财会部门应对检验证明、退货接收报告、退货方出具的退货凭证及有关的税务证明等进行审核后办理相应的退款事宜。

2. 收款控制

(1) 销售商品收到的现金及各种票据应于当日送存银行。

(2) 销售时如果有现金折扣则自动计算现金折扣，在实际发生时确定为当期财务费用。

(3) 销售人员不得接触销售现款。

3. 坏账处理

(1) 除应收账款外，其他的应收款项发生坏账的可能性不大，不计提坏账准备。每年年末，对于可能成为坏账的应收账款应当报告有关决策机构，由其进行审查，确定是否确认为坏账。计提坏账准备采用账龄分析法，不同账龄坏账准备的计提比例如表1-2所示。

表1-2　不同账龄坏账准备的计提比例

账龄	逾期31~90天	逾期91~180天	逾期181~360天	逾期361~540天	逾期541~720天	逾期720天以上
计提比例	1%	2%	5%	10%	12%	15%

(2) 对于发生的各项坏账，应查明原因，明确责任，并在履行规定的审批程序后做出会计处理。

(3) 注销的坏账应当进行备查登记，做到账销案存。已注销的坏账又收回时应当及时入账，防止形成账外款。

4. 票据管理

(1) 应收票据的取得和贴现必须经由保管票据以外的主管人员书面批准。

(2) 对于即将到期的应收票据，应及时向付款人提示付款；已贴现票据应在备查簿中登记，以便日后追踪管理。

(3) 商业汇票进行贴现时，贴现利息按月或按天计算。

(4) 逾期票据的冲销必须按规定管理程序报批，同时应按逾期票据追踪监控制度进行监控。

5. 客户管理

(1) 对长期往来客户应当建立完善的客户资料，并对客户资料实行动态管理，及时更新。

(2) 按客户设置应收款台账，及时登记每一客户应收账款余额增减变动情况和信用额度使用情况。

(3) 建立应收账款账龄分析制度和预期应收账款催收制度。销售部门应当负责应收账款的催收，财会部门应当督促销售部门加紧催收。

(4) 公司每半年与往来客户通过函证等方式核对应收账款、应收票据、预收账款等往来款项。如有不符，应查明原因，及时处理。

(五) 采购与付款

1. 组织采购

(1) 按照请购、审批、采购、验收、付款等规定的程序办理采购与付款业务，并在采购与付款各环节设置相关的记录，填制相应的凭证。

(2) 采购部门应与供应商签订合同，然后根据合同填写材料入库单，通知仓库入库。仓储部门应仔细审核入库单，并根据入库单办理入库。

(3) 按照合同规定，符合退货条件的，应及时办理退货，及时收回退货货款。

2. 付款控制

(1) 财会部门在办理付款业务时，应当对采购发票、结算凭证、验收证明等相关凭证的真实性、完整性、合法性及合规性进行严格审核。

(2) 有专人按照约定的付款日期、折扣条件等管理应付款项。已到期的应付款项须经有关授权人员审核后方可办理结算与支付。

(3) 建立预付账款和定金的授权批准制度，加强预付账款和定金的管理。

3. 供应商管理

(1) 掌握供应商的信誉、供货能力等有关情况,由采购和使用等部门共同参与比质、比价的程序,并按照规定的授权批准程序确定供应商。

(2) 定期与供应商核对应付账款、应付票据、预付账款等往来款项。如有不符,应查明原因,及时处理。

(六) 职工薪酬

(1) 公司职工工资由基本工资、奖金、岗位津贴、通信费4项构成。

奖金:公司总经理及部门经理每月1 000元/人,其他人员每月800元/人。

岗位津贴:车间管理人员每月800元/人,其余人员每月500元/人。

(2) 请假扣款办法。职工因病假缺勤,每日按其基本工资的3%扣款。职工因事假缺勤,每日按其基本工资的5%扣款。

(3) 按有关规定扣除职工个人保险,社会保险计提比例如表1-3所示。

表1-3 社会保险计提比例

项目	计提比例	企业负担比例	个人负担比例
基本养老保险	28%	20%	8%
失业保险	1.5%	1%	0.5%
住房公积金	24%	12%	12%
医疗保险	10.6%	8.6%	2%
工伤保险	0.9%	0.9%	—

由企业承担的社会保险通过"应付职工薪酬"账户核算,由个人承担的社会保险通过"其他应付款"账户核算。由于生育保险和职工基本医保合并,合并后的职工基本医保费率可按原生育保险和基本医保的缴费比例之和确定,个人不缴纳生育保险费,同时职工生育期间的生育保险待遇不变。

(4) 按照国家法律规定,单位代扣代缴个人所得税。本公司自2019年1月1日起个人所得税采用综合所得月度税率和速算扣除数表(适用于月度计算)。

个人所得税月度(包括按月预扣)计算公式:

$$应纳个人所得税税额=应纳税所得额 \times 适用税率-速算扣除数$$

$$应纳税所得额=月度收入额-准予扣除额$$

准予扣除额=基本扣除费用5 000元+专项扣除+专项附加扣除+依法确定的其他扣除月工资、薪金所得

=月应付工资-住房公积金-社会保险金

个人所得税税率表如表1-4所示。

表1-4 个人所得税税率表

级数	全年应纳税所得额	税率/%
1	不超过36 000元	3
2	超过36 000元至144 000元的部分	10
3	超过144 000元至300 000元的部分	20
4	超过300 000元至420 000元的部分	25

(续表)

级数	全年应纳税所得额	税率/%
5	超过420 000元至660 000元的部分	30
6	超过660 000元至960 000元的部分	35
7	超过960 000元的部分	45

(5) 根据有关规定，公司按工资总额的2%提取工会经费，按工资总额的8%提取职工教育经费。

(6) 工资由公司开户银行代发，工资、职工福利分配率保留4位小数。

(七) 固定资产

公司固定资产分为房屋及建筑物、机器设备、运输工具、电子设备4大类，固定资产为生产服务，均为正在使用状态。

(1) 按照企业会计制度规定，固定资产按月计提折旧。当月增加的固定资产，当月不计提折旧，从下月起计提折旧；当月减少的固定资产，当月照提折旧，从下月起不计提折旧。

(2) 固定资产采用直线法计提折旧。折旧率保留2位小数，固定资产净残值率全部按0计算。

(3) 固定资产大修理等非资本性支出，在发生时直接计入当期损益。

(4) 固定资产设置总账，按照使用部门设置固定资产卡片进行二级核算。

(5) 电算方式下，固定资产类别编码方式为2-2-3；固定资产编码方式为自动编码(类别编号+序号)；折旧率保留4位小数。

(八) 成本与费用

(1) 本公司采用品种法计算产品成本。

(2) 公司的各项费用按经济用途分类，其中直接材料、直接人工和制造费用计入产品成本，其余计入期间费用。

(3) 辅助生产车间不设"制造费用"账户核算，辅助生产费用按直接分配法进行分配并计入管理费用。

(4) 期末按生产工时比例分配生产产品消耗的水电费、职工薪酬和制造费用。

(5) 期末产品成本在完工产品与未完工产品之间的分配采用约当产量法进行，原材料在产品开始生产时一次投入。

(6) 所有分配率保留4位小数。

(九) 税金及附加

本公司为增值税一般纳税人。

1. 企业所得税

企业所得税核算采用资产负债表债务法，除应收账款、应付职工薪酬外，假设资产、负债的账面价值与其计税基础一致，未产生暂时性差异。企业所得税的计税依据为应纳税所得额，所得税税率为25%。企业所得税按月预计，按季预缴，全年汇算清缴。

2. 增值税

公司销售各种产品、提供劳务均应缴纳增值税，销售商品增值税税率为13%，提供劳务和出租无形资产的增值税税率为6%，按月缴纳。运费按9%作为进项税额抵扣。

3. 城市维护建设税、教育费附加及地方教育费附加

城市维护建设税、教育费附加及地方教育费附加分别按流转税的7%、3%及2%计算，按月缴纳。

4. 房产税、车船税、土地使用税及印花税

房产税税率为1.2%，扣除率为30%。

车船税：本公司有两辆货车，每辆货车载重量为10吨，每吨位年税额为100元；客车一辆，年税额为660元。

公司城镇土地使用税每平方米年税额为4元。

印花税征税的税目包括动产买卖合同(支付价款的万分之三)，货物运输合同(运输费用的万分之三)，借款合同(借款金额的万分之零点五)，营业账簿和权利、许可证照(每件5元，按照15件计算，共75元)等。

(十) 其他

1. 长期股权投资

企业会计准则规定，投资方对被投资单位实施控制的长期股权投资应当采用成本法核算；投资方对联营企业和合营企业的长期股权投资应当采用权益法核算。

2. 借款

(1) 短期借款利息，按季结算，分月预提，季末支付。本年度短期借款无期初余额。

(2) 长期借款利息，按月计提分配。属于与购建固定资产有关的，在固定资产达到预计可使用状态前，计入固定资产成本。

3. 所有者权益

公司建立资本金保全制度，实收资本的增减必须通过法定程序进行。

4. 公积金

(1) 资本公积包括企业收到投资者出资超出其在注册资本或股本中所占的份额，以及直接计入所有者权益的利得和损失等。

(2) 盈余公积在企业当年税后净利润中提取。

5. 利润及其分配

税后利润的分配顺序为：①弥补亏损；②按10%提取法定盈余公积；③向投资者按出资比例分配利润。

6. 物资清查

公司每年年末对存货及固定资产进行清查，根据盘点结果编制"实存账存对比表"，报经主管领导审批后进行处理。

本制度未说明的事项，按国家有关财经法规办理。

五、日常经济业务类型

2022年12月公司日常经济业务类型如表1-5所示。

表1-5　日常经济业务类型

业务号	业务类型	业务描述
1	销售	销售复合板，开具增值税发票，产品已发出，收到转账支票送存银行
2	收款	收到客户欠款
3	采购	购买原材料，已经验收入库，用转账支票支付相关款项
4	货币资金	从银行提取现金
5	销售	销售复合板，开具增值税发票，产品已发出
6	货币资金	技术人员出差借款
7	长期借款	从银行取得借款，用于购买机器设备，款项存入银行账户
8	固定资产	购买固定资产，收到发票，设备运抵企业，款项用银行承兑汇票结算，设备准备安装，运输费用以转账支票结算
9	固定资产	设备安装调试完毕，开出转账支票支付安装费，设备投入使用
10	职工薪酬核算	发放上月职工工资，全部款项用银行存款支付
11	费用	技术员出差回来报销差旅费，交回多余现金
12	采购	采购涂料，收到增值税专用发票，涂料尚未运到，货款采用电汇方式支付
13	存货	加工车间为生产A、B产品领用钢管，喷涂车间领用涂料
14	货币资金	收回委托收款的款项
15	费用	员工出差报销费用
16	销售	销售钢结构，开具增值税发票，产品已经发出，收到银行汇票存入银行
17	费用	支付社会保险费，缴纳住房公积金
18	偿还债务	用电汇方式偿还欠款
19	费用	购买办公用品，用现金支付
20	费用	支付广告费
21	汇总	编制项目三任务3-1～任务3-4的科目汇总表
22	费用	支付招待费
23	费用	支付设备检测费
24	销售	销售复合板，开具增值税发票，产品已发出，收到转账支票送存银行
25	采购	购买生产用原材料，收到对方开具的增值税发票，已经验收入库，用转账支票结算货款
26	采购	采购的涂料入库
27	存货	加工车间为生产A、B产品领用材料，喷涂车间领用涂料
28	销售	接到开户银行通知，采用委托收款方式的销售产品的货款已经收回
29	纳税	缴纳上月增值税、城市维护建设税和教育费附加
30	货币资金	销售人员出差借款
31	货币资金	到银行提取现金
32	费用	报销员工月票费用
33	收款	接到开户银行通知，收到客户通过信汇预付的货款

(续表)

业务号	业务类型	业务描述
34	销售	销售复合板，开具增值税发票，产品已经发出
35	费用	用转账支票支付车间设备修理费
36	费用	销售人员出差归来报销差旅费，多余款项支付现金
37	货币资金	接到银行通知，采用银行汇票结算的货款，多余款项已退回
38	销售	销售钢结构给个人，开具普通发票，货物已经发出，收到现金
39	销售	销售复合板，开具增值税发票，收到转账支票和现金，转账支票已经存入银行，产品已经发出
40	采购	购买办公用品
41	采购	购买工作服，收到增值税发票，已经验收入库，款项用转账支票支付
42	捐赠	向希望工程捐款
43	费用	用现金支付职工培训费
44	偿还债务	用电汇方式偿还所欠材料款
45	费用	办公室为职工食堂购买粮油物品
46	采购	购买包装材料，收到增值税发票，已经验收入库，款项用转账支票支付
47	销售	销售涂料，收到转账支票和现金，存入银行，结转材料的成本
48	汇总	编制项目三任务3-6～任务3-10的科目汇总表
49	汇总	编制项目三任务3-6～任务3-10的试算平衡表
50	费用	收到银行委托收款通知书，支付本月水费，按照部门分摊
51	费用	收到银行委托收款通知书，支付本月电费，按照部门分摊
52	费用	收到银行委托收款通知书，支付本月电话费
53	销售	销售闲置的打印机给个人，收到现金，发票已开
54	固定资产	计提当期固定资产折旧
55	职工薪酬核算	分配本月工资
56	职工薪酬核算	计提单位负担的工会经费、职工教育经费
57	职工薪酬核算	计提单位负担的社会保险费和住房公积金
58	费用	用转账支票购买副食品发放给职工
59	成本	分配辅助生产成本
60	成本	分配制造费用
61	成本	计算并结转完工产品成本
62	成本	计算发出产品成本

六、期末会计事项

(一) 财务成果计算

期末应调整的会计事项如表1-6所示。

表1-6　期末应调整的会计事项

业务号	业务类型	业务描述
63	费用摊销	计算本月应负担的长期借款利息
64	计提坏账	按照账龄分析法计提本年度的坏账准备

(续表)

业务号	业务类型	业务描述
65	存货(盘点)	期末进行存货清查，发现涂料盘亏，查明原因后由保管员赔偿
66	纳税	计算本月应交增值税、城市维护建设税和教育费附加，计算房产税、印花税等
67	账项调整	把本月损益类账户的发生额结转到"本年利润"账户
68	纳税	计算并结转企业所得税
69	账项调整	把本年利润结转到"利润分配——未分配利润"中
70	账项调整	按照全年净利润的10%提取法定盈余公积，按照净利润的40%向投资者分配利润
71	账项调整	把利润分配有关明细科目的余额转入"利润分配——未分配利润"中

(二) 银行存款清查

期末和银行对账，编制"银行存款余额调节表"。

(三) 编制纳税申报表

纳税申报表主要包括以下几种。
(1) 增值税纳税申报表。
(2) 企业所得税纳税申报表。
(3) 地方税收纳税申报表。

(四) 编制财务会计报告

财务会计报告主要包括以下几种。
(1) 资产负债表。
(2) 利润表。
(3) 现金流量表(本书略)。
(4) 所有者权益变动表(本书略)。
(5) 财务分析报告。

知识点考核

1. 会计岗位主要有哪些？各有什么职责？
2. 会计核算方式有哪些？各有什么特点？

项目二 建账

能力目标

- 了解会计账簿的分类。
- 能够正确地登记会计账簿使用登记表。
- 能够进行期初建账，登记期初余额。
- 能够正确地建立账套。
- 能够使用财务软件完成期初建账工作。

知识目标

- 根据《会计基础工作规范》的规定完成手工期初建账工作。
- 根据《会计信息化工作规范》的规定建立计算机账。

岗位认知

- 根据资料独立建立手工账。
- 根据资料独立建立计算机账。

关键词

建账、会计账簿、账套

知识结构图

学习任务　　　　　　　工作任务

(1) 建立手工账 → 启用账簿
　　　　　　　　→ 建立账簿
　　　　　　　　→ 登记期初余额

(2) 建立计算机账 → 整理数据
　　　　　　　　　→ 建立账套
　　　　　　　　　→ 进行初始化设置

案例分享

消失的9TB数据[①]

2018年6月4日，链家网(北京)科技有限公司(以下简称链家公司)发现财务系统服务器应用程序及数据被删除，删除内容大小为9TB。这消失的9TB数据，导致公司财务系统全面瘫痪。因为正值公司季度结算期间，为了不造成重大影响，公司被迫进行紧急应对，外聘了第三方专家对系统进行数据修复。万幸的是，经过努力，上述数据最终成功找回，为了恢复数据及重新构建该系统，公司共计花费人民币18万元。

经链家公司筛查，可以登录财务系统并执行有关操作的员工共有5名。公司立即约谈该5名员工，其中4人均向公司提供了工作电脑的开机账号及密码，自愿接受公司检查。唯有名叫韩某的员工，拒绝向公司提供开机密码。公司报警后，韩某以隐私为由拒绝向公安机关提供开机密码。

承办该案的海淀区检察院检察官利用排除法来锁定嫌疑人，在检察机关的要求下，公安机关对拥有权限的其他计算机进行了全面鉴定，并最终认定拥有权限的其他4台电脑均未在案发时间登录操作系统并实施相关操作，查明4人不具备作案动机、作案时间及条件。

办案组在积极联系鉴定机构的同时，也积极求证专家。专家表示，犯罪嫌疑人并没有实现真正意义上的"删除"，而是属于对数据目录进行破坏，进而导致该9TB数据及应用程序无法被检索到，这也是事后链家公司能够找回数据的原因。

2020年10月30日，二次开庭时，海淀区检察院向法庭出示了该份鉴定意见，并详细梳理了确定犯罪嫌疑人为韩某的证据材料。至此，检察机关共向法庭提供了针对服务器、监控、个人电子设备在内的9份鉴定意见，以及大量向被害单位依法调取的内网日志、浏览器记录等电子数据证据。

最终，法院全部采纳检方证据，认定韩某犯破坏计算机信息系统罪，支持检方量刑意见，判处韩某有期徒刑7年。

2020年11月4日，韩某因犯破坏计算机信息系统罪，被判处有期徒刑7年，后韩某上诉，2021年1月6日，北京市第一中级法院裁定驳回上诉，维持原判。

分析提示：会计人员要有职业操守，"诚信为本操守为重坚持准则不做假账"是会计人员的工作准则。韩某主要负责财务系统及数据库维护，私自删除相关数据，导致公司花费巨大代价恢复数据及重新构建系统，理应受到法律的严惩。没有职业操守的会计人丧失了会计职业道德，没有工作底线会给企业带来重大损失。

项目导入

公司决定于2022年12月启用用友U8 V10.1财务软件的总账系统、薪资系统和固定资产管理系统。

[①] 资料来源：人民资讯，9TB数据消失致财务系统瘫痪涉案员工拒不配合调查[EB/OL].(2022-12-20). https://baijiahao.baidu.com/s?id=1694344418684403152&wfr=spider&for=pc.根据相关文件资料整理。

任务2-1　建立手工账

——学习任务——

一、启用账簿

启用会计账簿时，应当在账簿封面上写明单位名称和账簿名称。账簿扉页应当附启用表，内容包括启用日期、账簿页数、记账人员和会计机构负责人、会计主管人员姓名，并加盖名章和单位公章。记账人员或者会计机构负责人、会计主管人员调动工作时，应当注明交接日期、接办人员或者监交人员姓名，并由交接双方人员签名或者盖章。

启用订本式账簿时不得跳页、缺号。使用活页式账页，应当按账户顺序编号，并须定期装订成册。装订后再按实际使用的账页顺序编定页码，另加目录，记录每个账户的名称和页次。

账簿使用登记表如表2-1所示。"印花粘贴处"应粘上印花税票，画线注销税票，画线的时候两边都要出头。

在"单位公章"处加盖本单位的公章。

一般在以下两种情况下启用新的会计账簿：每年年初使用新账簿时；企业新设立时。

表2-1　账簿使用登记表

单位名称		
账簿名称		
册次及起讫页数	自　　页起至　　页止共　　页	印花粘贴处
启用日期	年　　月　　日	
停用日期	年　　月　　日	

经管人员姓名	接管日期	交出日期	经管人员盖章	会计主管人员盖章
	年　月　日	年　月　日		
	年　月　日	年　月　日		
	年　月　日	年　月　日		
备注：			单位公章	

二、建立账簿

企业使用的会计账簿包括总账、日记账和明细账。

1. 建立总账

总账是根据总分类会计科目开设的，登记全部经济业务的账簿。根据《企业会计制度》的要求，一切独立核算的企业都必须开设总账，公司使用的会计科目应按《企业会计制度》的统一要求设置。总账应采用订本账，账页格式为三栏式，如图2-1所示。

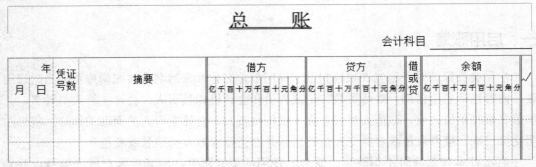

图2-1 总账账页格式

2. 建立日记账

日记账是按照经济业务发生的先后顺序逐日逐笔进行登记的账簿。根据《企业会计制度》的要求，一切独立核算的企业都必须开设现金日记账和银行存款日记账，其中银行存款日记账按照开户银行和账户设置。日记账应采用订本账，账页格式为三栏式，如图2-2和图2-3所示。

图2-2 现金日记账账页格式

图2-3 银行存款日记账账页格式

3. 建立明细账

常见的明细账账页格式为三栏式或多栏式，从外观上看，有订本式和活页式两种形式。

1) 三栏式明细账

三栏式明细账使用"借方""贷方""余额"三栏式账页,适用于只进行金额核算,不进行实物数量核算的账户,应收账款明细账账页格式如图2-4所示。

应开设三栏式明细账的账户一般包括"应收账款""应付账款""其他应收款""其他应付款"等。

图2-4 应收账款明细账账页格式

2) 数量金额式明细账

数量金额式明细账使用"借方""贷方""余额"三栏式账页,在每一栏下分设"数量""单价""金额"三个小栏目,适用于既需要进行金额核算,又需要进行实物数量核算的各种财产物资账户,原材料明细账账页格式如图2-5所示。

应开设数量金额式明细账的账户一般包括"原材料""周转材料——包装物""周转材料——低值易耗品""发出商品""库存商品"等。

图2-5 原材料明细账账页格式

3) 多栏式明细账

多栏式明细账是根据经济业务管理的需要,在借方或贷方设置若干分析栏目,有借贷式和合计式两种。

(1) 借贷式多栏明细账。其主要适用于资产、负债、所有者权益类账户,在借、贷、余三方各设专栏,起到分析和控制的作用。

应开设借贷式多栏明细账的账户有"应交税费——应交增值税""本年利润"。例如,建立"应交税费——应交增值税"明细账时,借方分析栏可设置"进项税额""已交税金""转出未交增值税"等专栏,贷方分析栏可设置"销项税额""进项税额转出"等专栏。

应交增值税明细账账页格式如图2-6所示。

图2-6 应交增值税明细账账页格式

(2) 合计式多栏明细账。其主要适用于成本、损益类账户,是对账户核算的内容做进一步的分类,如图2-7所示。对核算内容设置若干个项目,按照项目发生的频繁程度从左至右填写,主要项目单独反映,非主要的或比较零碎的项目可以合并反映在"其他"中。

应开设合计式多栏明细账的账户有"生产成本""制造费用""管理费用""销售费用"等。除生产成本明细账外,其他账户既没有期末余额,也没有期初余额。例如,"管理费用"明细账可以设置"职工薪酬""差旅费""业务招待费""水电费""折旧""其他"等栏目。企业在处理经济业务时,可以根据实际工作的需要增减明细项目。

图2-7 制造费用明细账账页格式

永兴顺钢构有限公司2022年11月30日总账账户及明细账各账户金额如表2-2～表2-7所示。

表2-2 会计科目及期初余额

科目代码	总账账户	明细分类账户	借方	贷方
1001	库存现金		3 577.07	
1002	银行存款	建设银行	450 000.00	
1121	应收票据		1 845 600.00	
1122	应收账款		610 000.00	
1221	其他应收款		2 500.00	
122101		萧岩	2 500.00	
1231	坏账准备			13 700.00
1403	原材料		88 000.00	
140301		钢管	21 700.00	
140302		钢板	54 600.00	
140303		涂料	11 700.00	
1405	库存商品		335 445.00	
140501		复合板(100吨)	308 000.00	

(续表)

科目代码	总账账户	明细分类账户	借方	贷方
140502		钢结构(5.5吨)	27 445.00	
1411	周转材料		16 500.00	
141101		包装物	11 500.00	
141102		低值易耗品	5 000.00	
1601	固定资产		2 239 800.00	
1602	累计折旧			434 501.80
2202	应付账款			80 000.00
220201		北京达顺		30 000.00
220202		大连飞鹤		50 000.00
2211	应付职工薪酬			180 502.16
221101		工资		116 539.66
221102		社会保险		44 548.00
221103		住房公积金		18 060.00
221104		工会经费		
221105		职工教育经费		
221106		工伤保险		1 354.50
221107		非货币性福利		
2221	应交税费			80 850.00
222101		未交增值税		
222102		应交增值税		73 500.00
22210201		进项税额		
22210202		销项税额		
22210203		转出未交增值税		
22210204		进项税额转出		
222103		待抵扣进项税额		
222104		待认证进项税额		
222105		待转销项税额		
222106		应交城市维护建设税		5 145.00
222107		应交所得税		
222108		应交个人所得税		
222109		应交房产税		
222110		应交车船税		
222111		应交土地使用税		
222112		应交教育费附加		2 205.00
222113		应交地方教育费附加		
2241	其他应付款			33 862.50
224101		社会保险费		15 802.50
224102		住房公积金		18 060.00
4001	实收资本			3 000 000.00
4002	资本公积			197 349.96

(续表)

科目代码	总账账户	明细分类账户	借方	贷方
4101	盈余公积			105 325.00
4103	本年利润			990 000.00
4104	利润分配			565 400.00
410401		未分配利润		565 400.00
410402		提取法定盈余公积		
410403		应付现金股利		
5001	生产成本		90 069.35	
500101	基本生产成本		90 069.35	
50010101		A产品	57 297.50	
		直接材料	41 088.95	
		直接人工	10 720.36	
		制造费用	5 488.19	
50010102		B产品	32 771.85	
		直接材料	25 733.94	
		直接人工	4 666.82	
		制造费用	2 371.09	
500102	辅助生产成本			
5101	制造费用			
510101	一车间			
510102	二车间			
510103	三车间			
合计			5 681 491.42	5 681 491.42

表2-3 存货期初金额

存货名称	规格型号	计量单位	数量	单价/元	金额/元
钢板	4mm	吨	7	3 100.00	21 700.00
钢管	108*10	吨	6	4 500.00	27 000.00
钢管	DN200	吨	8	3 450.00	27 600.00
涂料		吨	6	1 950.00	11 700.00
工作服		套	50	100.00	5 000.00
包装箱		吨	10	400.00	4 000.00
包装膜		吨	25	300.00	7 500.00

表2-4 库存商品期初金额

商品名称	规格型号	计量单位	数量	单价/元	金额/元
复合板		吨	100.00	3 080.00	308 000.00
钢结构		吨	5.50	4 990.00	27 445.00
合计			105.50		335 445.00

表2-5 应收账款期初金额

日期	客户名称	摘要	方向	余额/元	业务员
2020年2月15日	春晖公司	销售B产品	借	95 000.00	张玲

(续表)

日期	客户名称	摘要	方向	余额/元	业务员
2021年9月10日	天宝公司	销售A产品	借	150 000.00	邵春风
2022年10月10日	金鑫公司	销售A产品	借	80 000.00	邵春风
2022年11月25日	大连渤海	销售B产品	借	150 000.00	邵春风
2022年11月28日	宝发公司	销售A产品	借	135 000.00	邵春风

表2-6 应付账款期初金额

日期	供应商名称	摘要	方向	余额/元	业务员
2022年11月13日	大连飞鹤	采购材料	贷	50 000.00	邵春风
2022年11月17日	北京达顺	采购工具	贷	30 000.00	邵春风

表2-7 固定资产清单

2022年11月30日

固定资产编号	名称	所在部门	类别	单位	数量	可使用年限	开始使用日期	原值	已提月份	本月计提折旧/元	月折旧率
1001001	办公楼	办公室	10	平方米	700	25	2020年6月9日	300 000	28	810	0.002 7
1001002	厂房	加工车间	10	平方米	500	25	2020年6月9日	250 000	28	675	0.002 7
1001003	厂房	喷涂车间	10	平方米	500	25	2020年6月9日	220 000	28	594	0.002 7
1001004	厂房	机修车间	10	平方米	100	25	2020年6月9日	50 000	28	135	0.002 7
1005001	原料库	采购部	10	平方米	300	25	2020年6月9日	70 000	28	189	0.002 7
1006001	成品库	销售部	10	平方米	400	25	2020年6月9日	80 000	28	216	0.002 7
2009001	剪板机	加工车间	20	台	1	15	2020年6月17日	350 000	28	2 800	0.008
2009002	车床	加工车间	20	台	1	15	2020年6月17日	160 000	28	1 280	0.008
2009003	车床	加工车间	20	台	1	15	2020年6月17日	100 000	28	800	0.008
2010001	喷涂设备	喷涂车间	20	套	1	15	2020年6月17日	150 000	28	1 200	0.008
2011001	专用工具	机修车间	20	套	1	5	2020年6月17日	30 000	28	795	0.026 5
2011002	维修设备	机修车间	20	套	1	10	2020年6月17日	110 000	28	880	0.008
3001001	轿车	办公室	30	辆	1	8	2020年6月25日	148 000	28	1 480	0.01
3009001	货车	加工车间	30	辆	1	8	2020年9月24日	75 000	25	750	0.01
3009002	货车	喷涂车间	30	辆	1	8	2020年12月25日	75 000	22	750	0.01
4001001-3	计算机	办公室	40	台	3	5	2020年6月9日	9 000	28	238.5	0.026 5
4001004-7	计算机	会计部	40	台	4	5	2020年6月9日	12 000	28	318	0.026 5
4001008-9	计算机	人力资源部	40	台	2	5	2020年9月10日	6 000	25	159	0.026 5
4001010-11	计算机	设计部	40	台	2	5	2020年6月9日	6 000	28	159	0.026 5
4001012-14	计算机	采购部	40	台	3	5	2020年9月10日	9 000	25	238.5	0.026 5

(续表)

固定资产编号	名称	所在部门	类别	单位	数量	可使用年限	开始使用日期	原值	已提月份	本月计提折旧/元	月折旧率
4001015-16	计算机	销售部	40	台	2	5	2020年6月9日	6 000	28	159	0.026 5
4001017-18	计算机	质检部	40	台	2	5	2020年6月9日	6 000	28	159	0.026 5
4001019-20	计算机	制造部	40	台	2	5	2020年6月9日	6 000	28	159	0.026 5
4001021	计算机	加工车间	40	台	1	5	2020年6月9日	3 000	28	79.5	0.026 5
4001022	计算机	喷涂车间	40	台	1	5	2020年6月9日	3 000	28	79.5	0.026 5
4001023	计算机	机修车间	40	台	1	5	2020年6月9日	3 000	28	79.5	0.026 5
4001024	打印机	会计部	40	台	1	3	2020年6月9日	1 400	28	37.1	0.026 5
4001025	打印机	办公室	40	台	1	3	2020年6月9日	1 400	28	37.1	0.026 5
合计								2 239 800		15 256.7	

三、登记期初余额

确定会计账簿的使用种类后,可以根据表2-2所示相关账户的金额进行期初建账。本次任务启用的会计日期为2022年12月1日。期初建账的方法如下。

(1) 列出年月日。

(2) 在"摘要"栏填写"期初余额"(根据任务的需要填写)。

(3) 把相关账户的金额写在"余额"栏,注明"借""贷"方向。

(4) 损益类账户没有期初余额,不需要进行期初建账,所以不用在"摘要"栏填写期初余额。

(5) 账簿中书写的文字和数字上面要留有适当的空格,一般应占格距的1/2。除"6"可以略高、"7""9"可以略微下延外,其余数字不得越格,并且向右倾斜60度。

本次实训涉及的会计科目如表2-8所示。

表2-8 会计科目表

序号	编号	会计科目名称	序号	编号	会计科目名称
一、资产类			10	1221	其他应收款
1	1001	库存现金	11	1231	坏账准备
2	1002	银行存款	12	1401	材料采购
3	1012	其他货币资金	13	1402	在途物资
4	1101	交易性金融资产	14	1403	原材料
5	1121	应收票据	15	1404	材料成本差异
6	1122	应收账款	16	1405	库存商品
7	1123	预付账款	17	1406	发出商品
8	1131	应收股利	18	1411	周转材料
9	1132	应收利息	19	1471	存货跌价准备

(续表)

序号	编号	会计科目名称	序号	编号	会计科目名称
20	1511	长期股权投资	46	2701	长期应付款
21	1512	长期股权投资减值准备	三、所有者权益类		
22	1521	投资性房地产	47	4001	实收资本
23	1531	长期应收款	48	4002	资本公积
24	1601	固定资产	49	4101	盈余公积
25	1602	累计折旧	50	4103	本年利润
26	1603	固定资产减值准备	51	4104	利润分配
27	1604	在建工程	四、成本类		
28	1605	工程物资	52	5001	生产成本
29	1606	固定资产清理	53	5101	制造费用
30	1701	无形资产	54	5201	劳务成本
31	1702	累计摊销	55	5301	研发支出
32	1703	无形资产减值准备	五、损益类		
33	1801	长期待摊费用	56	6001	主营业务收入
34	1901	待处理财产损溢	57	6051	其他业务收入
二、负债类			58	6101	公允价值变动损益
35	2001	短期借款	59	6111	投资收益
36	2201	应付票据	60	6301	营业外收入
37	2202	应付账款	61	6401	主营业务成本
38	2204	合同负债	62	6402	其他业务成本
39	2211	应付职工薪酬	63	6403	税金及附加
40	2221	应交税费	64	6601	销售费用
41	2231	应付利息	65	6602	管理费用
42	2232	应付股利	66	6603	财务费用
43	2241	其他应付款	67	6701	资产减值损失
44	2501	长期借款	68	6711	营业外支出
45	2502	应付债券	69	6801	所得税费用

知识点考核

1. 企业一般要设立哪些会计账簿？
2. 总账、明细账、日记账的期初建账过程是否一样？
3. 企业在什么情况下建立新的会计账簿？
4. 进行期初建账时如果发生文字或数字错误，应采用什么方法进行更正？

任务2-2　建立计算机账

—— 学习任务 ——

一、整理数据

根据项目一认知企业和会计工作的基本情况、组织机构、岗位设置、部门设置等信息，按照系统初始化的要求，整理系统初始化需要的参数。

根据任务2-1给出的基础数据，按照系统初始化的要求，整理建账所需要的期初数据、人员权限等。

二、建立账套

1. 建立会计账套

(1) 以"系统管理员admin"的身份登录"系统管理"。

(2) 使用"创建账套"功能，建立新账套：在"系统启用"中，启用"总账""薪资管理""固定资产"子系统；启用日期均为"2022年12月1日"。

2. 设置操作员及其权限

以"系统管理员admin"的身份登录"系统管理"；使用"用户管理"功能，增加操作员；在"系统管理"中打开"操作员权限"窗口，指定"001王宁"为账套主管，依次给"002王海涛"等操作员赋予权限。

三、进行初始化设置

1. 建立基本信息
(1) 设置部门档案。
(2) 设置人员档案。
(3) 设置存货档案。
(4) 录入客户信息。
(5) 录入供应商信息。
(6) 录入结算方式、银行档案等。

2. 总账系统初始设置
(1) 设置业务参数。
(2) 设置会计科目。
(3) 设置凭证类型。
(4) 录入期初数据。

3. 薪资管理系统初始设置
(1) 建立工资账套。
(2) 建立人员档案。
(3) 设置工资项目。
(4) 设置计算公式。
(5) 定义工资分摊。

4. 固定资产系统初始设置
(1) 建立固定资产账套。
(2) 设置资产类别。
(3) 设置增减方式。
(4) 设置折旧率。
(5) 建立固定资产卡片。
(6) 设置折旧科目。

—— 知识点考核 ——

1. 系统初始化时，期初余额是否平衡？如果不平衡应该如何处理？
2. 指定"现金""银行存款"科目有什么作用？
3. 如果忘记启用"薪资管理"和"固定资产"系统，应如何处理？

项目三 日常会计核算

能力目标

- 能够正确填制各种银行结算凭证和自制凭证。
- 能够正确填制记账凭证。
- 能根据《企业会计准则》及应用指南进行生产、采购、销售等经济业务的核算。
- 能够准确登记日记账、明细账、总账。
- 能够正确填制科目汇总表,不平衡时能够予以纠正。
- 能够正确传递会计凭证,进行会计稽核。

知识目标

- 根据《会计基础工作规范》的规定,熟练填制凭证、登记账簿。
- 掌握《企业会计准则》及应用指南,对生产、采购、销售等经济业务进行核算。
- 熟悉《会计法》《企业会计准则》《会计基础工作规范》《会计档案管理办法》等相关会计法律法规。
- 掌握三类会计账簿(三栏式、多栏式、数量金额式)的登记方法,掌握错账更正的三种方法(画线更正法、红字冲销法、补充登记法)。

岗位认知

- 根据提供的原始凭证判断经济业务的来龙去脉。
- 根据原始凭证准确地进行会计处理。
- 及时总结同类型业务的会计处理方式。

关键词

销售、采购、原材料

知识结构图

学习任务	工作任务	学习任务	工作任务
(1) 销售、采购业务核算	销售业务核算 收款业务核算 采购业务核算 提取备用金业务核算	(2) 发放工资、购买固定资产业务核算	员工借款业务核算 银行借款业务核算 采购固定资产业务核算 安装固定资产业务核算 发放工资业务核算

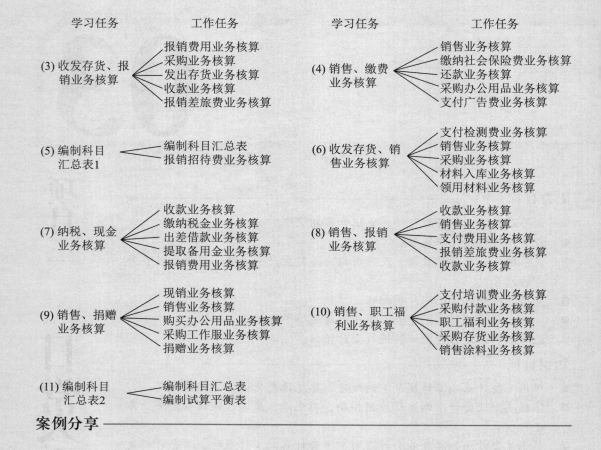

案例分享

"翻盘"的瑞幸咖啡[①]

瑞幸咖啡成立于2017年,在全国各地迅速开店,至2019年年底已在全国开设了4 500多家门店。2019年5月,成立仅两年的瑞幸咖啡,以中概股最快速度IPO,登陆美国纳斯达克。2020年4月,在做空机构浑水公司发布报告称其财务造假后,瑞幸咖啡也通过公司公告"自曝"于2019年伪造了超过3亿美元的销售额。

2020年5月15日,纳斯达克上市资格审查部门决定对瑞幸咖啡施行摘牌。依据《中华人民共和国会计法》,财政部组织力量,自2020年5月6日起对瑞幸咖啡公司(Luckin Coffee Inc.)境内2家主要运营主体瑞幸咖啡(中国)有限公司和瑞幸咖啡(北京)有限公司成立以来的会计信息质量开展检查,延伸检查关联企业、金融机构23家。

检查发现,自2019年4月起至2019年年末,瑞幸咖啡公司通过虚构商品券业务增加交易额22.46亿元(人民币,下同),虚增收入21.19亿元(占对外披露收入51.5亿元的41.16%),虚增成本费用12.11亿元,虚增利润9.08亿元。

2020年6月29日,瑞幸咖啡在纳斯达克停牌,并进行退市备案。2020年12月,美国

---

① 资料来源:虎嗅,瑞幸的战火烧向上游[EB/OL].(2023-03-03). https://baijiahao.baidu.com/s?id=1759356053372092781&wfr=spider&for=pc. 根据相关文件资料整理。

证券交易委员会(SEC)表示，针对造假指控，瑞幸咖啡同意支付1.8亿美元(约合11.75亿元人民币)罚款达成和解，并恢复交易。

面对困境，瑞幸咖啡更换了管理层，引入了新投资者，与大部分债权人签订了重组支持协议。开店以自提店、快取店为主，面积也大大缩小，自营门店以写字楼门店、大学高校门店居多。为了进一步降成本和保销量，瑞幸进行了爆款研究，推出的新品广受好评。

2023年3月2日晚，瑞幸咖啡公布了2022年财报。据财报显示，2022年瑞幸总净收入为132.93亿元，同比增长66.9%；美国会计准则下全年营业利润11.56亿元，营业利润率8.7%。这是瑞幸创立以来营业利润首次扭亏，也是瑞幸年收入首次超过100亿元。

分析提示：瑞幸咖啡通过虚增收入、利润的方式欺骗投资者面临摘牌，向美国证券交易委员会缴纳罚款后恢复交易。通过更换管理层、改变经营策略、增加门店等方式，企业的收入和利润显著增长。做企业和做人一样，要脚踏实地，认认真真做事。历史上成功的企业都不是一蹴而就的，需要锲而不舍的努力，人的成功亦如此。

项目导入

永兴顺钢构有限公司决定于2022年12月启用用友U8 V10.1财务软件的总账系统、薪资管理系统和固定资产管理系统，相关经济业务在任务3-1～任务3-11中具体描述。

说明：永兴顺钢构有限公司2022年12月发生以下经济业务，学生可根据相关业务的原始单据(见附录)，按照任务要求，完成各项任务。

任务3-1　销售、采购业务核算

学习任务

业务1：12月1日，向长兴建筑公司销售复合板20吨，单价5 150元/吨，已经开具增值税专用发票，产品已经出库，收到转账支票并存入开户银行。

【能力目标】

通过填制增值税专用发票、进账单，掌握这两类原始凭证的正确填制方法；通过对转账支票进行背书，知道取得转账支票后如何送存开户银行，需要填制哪些结算单据。

【岗位分工】

记账会计填制增值税专用发票；出纳对转账支票进行背书，填制进账单；制单会计根据相关原始凭证填制银行凭证。

【任务要求】

填制相关凭证，出纳登记银行存款日记账。

业务2：12月1日，公司收回客户欠款80 000元并存入开户银行。

【能力目标】

通过对转账支票进行背书，填制进账单，掌握背书的操作方法和进账单的填制方法。

【岗位分工】

出纳对转账支票进行背书，填制进账单；制单会计根据进账单填制银行凭证。

【任务要求】

填制相关凭证，出纳登记银行存款日记账。

业务3：12月1日，从东鑫钢材经销有限公司采购钢板10吨，单价3 100元/吨，已经取得增值税专用发票，材料已入库，发生运输费用1 526元，取得运费增值税专用发票，开出转账支票支付款项。

【能力目标】

通过填制材料入库单、转账支票，掌握这两类原始凭证的正确填制方法；掌握入库材料金额的核算方法，正确编制会计分录。

【岗位分工】

记账会计填制材料入库单；出纳开出转账支票；制单会计根据专用发票和入库单填制银行凭证。

【任务要求】

填制相关凭证，出纳登记银行存款日记账，记账会计登记材料明细账。

业务4：12月2日，提取现金5 000元。

【能力目标】

通过提取现金业务，掌握现金支票的填制方法。

【岗位分工】

出纳填写现金支票；制单会计根据现金支票存根填制银行凭证。

【任务要求】

填制相关凭证，出纳登记现金日记账和银行存款日记账。

考核 **业务5**：12月2日，公司向沈阳龙达路桥公司销售复合板2吨，单价5 150元/吨，已经开具增值税专用发票，产品已出库。

【能力目标】

通过该业务，熟练开具增值税专用发票并进行账务处理。

【岗位分工】

记账会计填制增值税专用发票；制单会计根据出库单和专用发票填制会计凭证。

【任务要求】

填制相关凭证，记账会计登记应收账款明细账。

知识点考核

1. 如何对转账支票进行背书？
2. 如何填制现金支票？
3. 材料入库单里是否包含增值税余额？为什么？
4. 判断销售实现的因素有几个？涉及哪些原始凭证？
5. 在销售商品时，如果公司利用自有运输设备送货并收取运费，该行为属于混合销售行为还是兼营行为？如何开具发票？

知识链接

1. 什么是现金凭证？在填制会计凭证时会计分录里出现了"库存现金"科目，该凭证即为现金凭证。

2. 什么是银行凭证？在填制会计凭证时会计分录里出现了"银行存款"科目，该凭证即为银行凭证。

3. 什么是转账凭证？在填制会计凭证时会计分录里既没有"库存现金"，也没有"银行存款"科目，该凭证即为转账凭证。

4. 特殊处理。在填制会计凭证时，会计分录里既出现了"库存现金"，也出现了"银行存款"科目，以该凭证的贷方科目作为确定种类的依据。如果贷方科目是"银行存款"，则该凭证为银行凭证，如果贷方科目是"库存现金"，则该凭证为现金凭证。

任务3-2　发放工资、购买固定资产业务核算

───── 学习任务 ─────

业务6：12月2日，公司设计部寇云石外出学习，借款3 000元。
【能力目标】
通过该业务，掌握借款单的填制方法。
【岗位分工】
记账会计填写借款单；制单会计根据借款单填制现金凭证。
【任务要求】
填制相关凭证，出纳登记现金日记账。

业务7：12月3日，公司从银行取得借款600 000元，用于购买机器设备。
【能力目标】
通过该业务，掌握会计凭证的编制方法。
【岗位分工】
制单会计根据借款单填制银行凭证。
【任务要求】
填制相关凭证，出纳登记银行存款日记账。

业务8：12月4日，公司办理银行承兑汇票，用于购买固定资产。12月5日，设备运抵企业，收到增值税专用发票，款项用银行承兑汇票结算，设备准备安装。运费专用发票已经取得并用转账支票结算。
【能力目标】
通过该业务，掌握银行承兑汇票、转账支票的填制方法，能够做出正确的会计核算。
【岗位分工】
出纳填写银行承兑汇票、转账支票；制单会计根据相关原始凭证编制银行凭证、转账凭证。
【任务要求】
制单会计编制会计凭证时注意原始凭证的分配；出纳登记银行存款日记账。

业务9：12月6日，公司开出转账支票支付安装费5 300元，设备安装调试完毕可以投入使用。
【能力目标】
通过该业务，掌握转账支票的填制方法，能够准确计算固定资产的入账价值，做出正确的会计核算。

【岗位分工】

出纳填写转账支票；记账会计填制固定资产交接单；制单会计根据相关原始凭证编制银行凭证、转账凭证。

【任务要求】

制单会计编制会计凭证时注意会计科目的使用；出纳登记银行存款日记账。

考核 业务10：12月6日，公司通过银行发放上月工资。

【能力目标】

通过该业务，掌握工资的发放方法。

【岗位分工】

出纳填制转账支票，制单会计根据工资结算单和转账支票存根填制转账凭证和银行凭证。

【任务要求】

填制相关凭证，出纳登记银行存款日记账。

知识点考核

1. 出差不借款，如何进行报销？
2. 进行工资核算时，应发合计、代扣款项、实发合计如何进行会计处理？
3. 办理银行承兑汇票时，如果银行向企业收取了手续费，则该费用记入哪个会计科目？
4. 如何填制转账支票和银行承兑汇票？

知识链接

核算职工薪酬时，需要考虑应发合计、代扣款项、实发合计三个项目。应发合计一般包括基础工资、绩效工资、奖金、津贴等项目；代扣款项一般包括职工个人负担的养老保险、失业保险、医疗保险、住房公积金、个人所得税项目；实发合计是应发合计和代扣款项的差额，是职工每月实际获得的薪酬。

任务3-3　收发存货、报销业务核算

学习任务

业务11：12月6日，公司设计部寇云石报销到北京学习的费用(12月2日至5日，往返北京机票2张，450元/张；住宿发票1张，1 500元；伙食补助80元/天，交通补助50元/天。以上原始凭证略)。

【能力目标】

通过该业务，掌握借款报销单、收据的填制方法，掌握借款报销业务的处理方法。

【岗位分工】

记账会计填写借款报销单，出纳填写收据，制单会计根据相关凭证填制转账凭证和现金凭证。

【任务要求】

填制相关凭证，出纳登记银行存款日记账。

业务12：12月6日，从彩虹涂料有限责任公司采购涂料30吨，单价2 000元/吨，已经取得增值税专用发票，发生运输费用3 270元，取得运费增值税专用发票，采用电汇方式支付款项。

【能力目标】

通过该业务，掌握电汇凭证的填制方法。

【岗位分工】

出纳填写电汇凭证，制单会计根据相关凭证填制银行凭证。

【任务要求】

填制相关凭证，出纳登记银行存款日记账，记账会计登记材料明细账。

业务13：12月7日，加工车间和喷涂车间领用材料。

【能力目标】

通过该业务，掌握领料单的填制方法，掌握发出材料单位成本的计算方法。

【岗位分工】

记账会计填写领料单，制单会计根据领料单填制转账凭证。

【任务要求】

填制相关凭证，记账会计登记材料明细账。

业务14：12月7日，收回委托收款的款项135 000元。

【能力目标】

通过该业务，掌握托收凭证的会计处理方法。

【岗位分工】

制单会计根据相关凭证填制银行凭证。

【任务要求】

填制相关凭证，出纳登记银行存款日记账，记账会计登记应收账款明细账。

考核 业务15：12月8日，公司人力资源部萧岩报销出差费用。

【能力目标】

通过该业务，掌握出差借款报销超支业务的会计处理方法。

【岗位分工】

制单会计根据差旅费报销单编制会计凭证。

【任务要求】

填制相关凭证，出纳登记现金日记账。

———— 知识点考核 ————

1. 如何填制借款报销单？
2. 如何填制电汇凭证？

———— 知识链接 ————

借款报销分三种情况：①当借款金额等于实际支出时，实际支出的金额根据支出的性质计入管理费用、销售费用或制造费用科目中；②当借款金额小于实际支出时，根据差旅费报销单进行账务处理，超过借款金额的款项记入"库存现金"科目，交给借款人；③当借款金额大于实际支出时，结余的金额由借款人交回，企业需要向借款人开具收据并加盖财务章，证明已经收到出差结余的款项。

任务3-4　销售、缴费业务核算

学习任务

业务16：12月8日，公司向辽阳鸿发房地产有限公司销售钢结构25吨，单价5 400元/吨，已经开具增值税专用发票，产品已出库，收到银行汇票并存入开户银行。

【能力目标】

通过该业务，熟悉增值税专用发票的填制方法，掌握银行汇票实际结算业务和背书业务的处理方法。

【岗位分工】

记账会计填写增值税专用发票，出纳完成银行汇票的签章和进账单的填制，制单会计根据相关凭证填制银行凭证。

【任务要求】

填制相关凭证，出纳登记银行存款日记账。

业务17：12月8日，支付社会保险费，缴纳住房公积金。

【能力目标】

通过该业务，了解单位和个人负担的社会保险费使用不同的会计科目，掌握公积金汇缴书的填制方法。

【岗位分工】

制单会计根据电子转账凭证和缴款书填制记账凭证。

【任务要求】

填制相关凭证。

业务18：12月9日，公司用电汇方式偿还欠款30 000元。

【能力目标】

通过该业务，掌握电汇凭证的填制方法。

【岗位分工】

出纳填写电汇凭证，制单会计根据费用报销单和电汇回单填制银行凭证。

【任务要求】

填制相关凭证，出纳登记银行存款日记账。

业务19：12月9日，公司购买800元办公用品。

【能力目标】

通过该业务，了解现金结算和转账结算的不同。

【岗位分工】
制单会计根据购物发票填制现金凭证。
【任务要求】
填制相关凭证,出纳登记现金日记账。

考核 业务20:12月10日,向盛世安达广告有限公司支付广告费12 000元。
【能力目标】
通过该业务,了解现金结算和转账结算的不同,掌握转账支票的填制方法。
【岗位分工】
出纳填写转账支票,制单会计根据增值税专用发票和转账支票存根填制银行凭证。
【任务要求】
填制相关凭证,出纳登记银行存款日记账。

知识点考核

1. 银行汇票的背书和转账支票的背书有何不同之处?有何相同之处?
2. 收到银行汇票存入银行时的操作步骤有哪些?
3. 如何使用不同的会计科目对单位和个人负担的社会保险费进行核算?

知识链接

结算方式通常有两种:现金结算和转账结算。

任务3-5　编制科目汇总表1

学习任务

业务21：12月10日，编制本月1—10日的科目汇总表。

【能力目标】

通过该业务，掌握科目汇总表的编制方法、借贷方差额的调整方法。

【岗位分工】

会计主管编制科目汇总表并据此登记总账，制单会计协助。记账会计整理明细账，出纳整理日记账。

【任务要求】

(1) 整理凭证。制单会计把本月1—10日的现金凭证、银行凭证和转账凭证整理完毕。每类凭证的编号从1开始，按顺序编号，中间不得缺号、断号。

(2) 登记工作底稿。会计主管根据整理好的凭证进行科目汇总表的编制。首先根据总账账户设立T形账工作底稿，然后把总账账户的发生额登记到T形账工作底稿里，所有凭证都登记完毕以后算出借贷方的发生额合计。

(3) 编制科目汇总表。首先，根据总账账户科目代码的顺序排列会计科目，其次，把T形账工作底稿账户对应的金额登记到汇总表中，最后，算出合计。如果借方金额合计和贷方金额合计相等，则意味着汇总表平衡。

(4) 差异调整。如果借方金额合计和贷方金额合计不相等，则意味着汇总表不平衡，需要进行调整。调整的步骤如下。

第一步，做差。借方金额合计和贷方金额合计做差，计算出两者的差额。

第二步，查询。查找工作底稿的总账账户，看看是否漏记了该金额。

第三步，计算。如果查找工作底稿后仍然找不到该差额，则可以将差额乘以2或者除以2再进行查找。

第四步，核对。如果仍然查询不到差额，则应把所有账户的发生额和T形账工作底稿的金额进行逐一核对，查找差额。

第五步，比较。如果仍然查询不到差额，则应首先核对记账凭证和原始凭证的金额是否相符，然后核对记账凭证和工作底稿的金额是否相符，最后核对工作底稿中每个总账账户的合计金额是否正确。

科目汇总表的格式如表3-1所示。

表3-1　科目汇总表

年　　月　　日　　　　　　　　　　　　编号

科目代码	科目名称	借方发生额	贷方发生额
1×××	资产类		
2×××	负债类		
4×××	所有者权益类		
5×××	成本类		
6×××	损益类		
合计			

业务22：12月10日，销售部招待客户发生餐费。

【能力目标】

通过该业务，掌握招待费的处理方法。

【岗位分工】

制单会计根据餐费发票进行账务处理。

【任务要求】

填制相关凭证，出纳登记现金日记账。

知识点考核

1. 科目汇总表中借贷方的金额不符时，可以将差额乘以2或者除以2进行查找，为什么？

2. 科目汇总表中借贷方金额相等就意味着会计核算没有错误吗？

3. 科目汇总表中借贷方金额相等体现了什么会计理念？

任务3-6　收发存货、销售业务核算

学习任务

业务23：12月10日，支付检测费1 500元。

【能力目标】

通过该业务，掌握转账支票的填制方法。

【岗位分工】

出纳填制转账支票，制单会计根据支票的存根和发票填制银行凭证。

【任务要求】

填制相关凭证，出纳登记银行存款日记账。

业务24：12月10日，向鼎力(集团)股份有限公司销售复合板100吨，单价5 200元/吨，开具增值税专用发票，产品已发出，收到转账支票送存银行，另外支付运费3 000元。

【能力目标】

通过该业务，了解增值税专用发票和进账单的填制、转账支票的背书，掌握运费的会计处理方法。

【岗位分工】

出纳进行转账支票背书、填制进账单；记账会计填制增值税专用发票；制单会计根据填制完毕的原始凭证填制银行凭证。

【任务要求】

填制相关凭证，出纳登记银行存款日记账。

业务25：12月11日，从富海钢材经销有限责任公司采购规格为108*10的钢管10吨，单价4 887.5元/吨；规格为DN200的钢管10吨，单价3 825元/吨。已经取得增值税专用发票，发生运输费用2 180元，取得运费增值税专用发票，材料已经入库。

【能力目标】

通过该业务，掌握材料入库单的填制方法，了解运费的分摊问题。

【岗位分工】

记账会计填写材料入库单，制单会计根据相关凭证填制转账凭证。

【任务要求】

填制相关凭证，记账会计登记材料明细账。

业务26：12月11日，从彩虹涂料有限责任公司采购的涂料入库。

【能力目标】

通过该业务，掌握材料入库单的填制方法。

【岗位分工】

记账会计填写材料入库单，制单会计根据相关凭证填制转账凭证。

【任务要求】

填制相关凭证，记账会计登记材料明细账。

考核 **业务27**：12月11日，加工车间和喷涂车间领用材料。

【能力目标】

通过该业务，掌握领料单的填制方法，熟悉发出材料单位成本的计算。

【岗位分工】

记账会计填写领料单，制单会计根据领料单填制转账凭证。

【任务要求】

填制相关凭证，记账会计登记材料明细账。

―――― 知识点考核 ――――

1. 支付款项时需要办理哪些审批手续？
2. 销售产品支付运费和采购材料支付运费在核算上有何不同？
3. 采购两种或两种以上材料时支付的运费应如何进行分摊？

―――― 知识链接 ――――

采购材料过程中若发生了运费，需要计入采购材料的成本中，在材料入库单上要体现出来；如果采用两种及以上的材料，运费还要按照材料的种类进行分摊，不能都计到一种材料中。

销售过程中发生的运费，如果由销售方负担，为了销售产品而发生，要记入"销售费用"科目，由购买方负担的运费则正常进行会计处理。

任务3-7　纳税、现金业务核算

学习任务

业务28：12月12日，接到开户银行通知，采用委托收款方式的货款150 000元已经收回。

【能力目标】

通过该业务，掌握委托收款业务的会计核算方法，了解收款日期和委托日期的区别。

【岗位分工】

制单会计根据委托收款单据填制银行凭证。

【任务要求】

填制相关凭证，出纳登记银行存款日记账。

业务29：12月13日，缴纳上月增值税、城市维护建设税和教育费附加。

【能力目标】

通过该业务，掌握缴纳税金的会计核算方法。

【岗位分工】

制单会计根据税收缴款书填制转账凭证。

【任务要求】

填制相关凭证，出纳登记银行存款日记账。

业务30：12月13日，销售部张玲因出差借款3 000元，相关负责人已经签字。

【能力目标】

通过该业务，掌握借款单的填制方法。

【岗位分工】

记账会计填写借款单，制单会计根据借款单填制现金凭证。

【任务要求】

填制相关凭证，出纳登记现金日记账。

业务31：12月13日，提取现金5 000元。

【能力目标】

通过该业务，掌握现金支票的填制方法。

【岗位分工】

出纳填写现金支票，制单会计根据现金支票存根填制银行凭证。

【任务要求】

填制相关凭证，出纳登记现金日记账和银行存款日记账。

考核 业务32：12月14日，报销各部门月票费用210元(50元发票4张，10元发票1张，发票略)。

【能力目标】
通过该业务，掌握日常现金业务的处理方法，掌握原始凭证附件张数的计算方法。

【岗位分工】
出纳填制报销单，制单会计根据相关原始凭证填制现金凭证。

【任务要求】
填制相关凭证，出纳登记现金日记账。

知识点考核

1. 委托日期和收款日期不一致，在填制凭证时应以哪个日期为准？
2. 缴纳税金时有哪些注意事项？

知识链接

关于缴税：①纳税申报，每月或者每季度期满后15日内申报纳税；②纳税方式，根据打印的税收缴款书或者电子缴税付款凭证缴纳税款。

任务3-8　销售、报销业务核算

学习任务

业务33：12月14日，接到开户银行通知，收到客户通过信汇预付的货款60 000元。

【能力目标】

通过该业务，掌握信汇业务的会计核算方法。

【岗位分工】

制单会计根据信汇单据填制银行凭证。

【任务要求】

填制相关凭证，出纳登记银行存款日记账。

业务34：12月15日，向鞍山福海建筑机械厂销售复合板15吨，单价5 250元/吨，开具增值税专用发票，产品已发出。

【能力目标】

通过该业务，掌握增值税专用发票的填制方法，掌握预收业务的会计处理方法。

【岗位分工】

记账会计填制增值税专用发票，制单会计根据填制完毕的原始凭证填制转账凭证。

【任务要求】

填制相关凭证，记账会计登记应收账款明细账。

业务35：12月15日，用转账支票支付车间设备修理费2 500元。

【能力目标】

通过该业务，掌握转账支票的填制方法，熟悉修理费的会计处理方法。

【岗位分工】

出纳填制转账支票，制单会计根据支票的存根和发票填制银行凭证。

【任务要求】

填制相关凭证，出纳登记银行存款日记账。

业务36：12月16日，公司销售部张玲报销到天津出差的费用(出差期间：12月13日至12月16日，往返天津火车票2张，352.5元/张；住宿发票1张，900元；会务费发票1张，800元；伙食补助80元/天，交通补助50元/天。以上原始凭证略)。

【能力目标】

通过该业务，掌握借款报销单、收据的填制方法，以及借款报销业务的处理方法。

【岗位分工】

记账会计填写借款报销单，出纳填写收据，制单会计根据相关凭证填制转账凭证和现金凭证。

【任务要求】

填制相关凭证,出纳登记现金日记账。

考核 业务37:12月16日,接到银行通知,采用银行汇票结算的货款,多余款项已退回。

【能力目标】

通过该业务,掌握银行汇票结算方式下多余款项的会计处理方法。

【岗位分工】

制单会计填制银行凭证。

【任务要求】

填制相关凭证,出纳登记银行存款日记账。

知识点考核

1. 收到银行款项时,会计应如何处理?
2. 设备修理费应记入哪个会计科目?

知识链接

银行汇票:由出票银行签发,其在见票时按照实际结算金额无条件付给收款人或持票人的一种票据,可以背书转让,适用于同城或异地结算。①收到银行汇票时,要检查出票日期是否有效、收款人名称和账号是否准确、银行汇票的第二联和第三联是否一致。②银行汇票存入银行时,要填写实际结算金额,在第二联的背面"持票人向银行提示付款签章"处加盖企业财务章和法人章,连同进账单一同存入开户银行。③银行汇票背书转让时,加盖的财务章、法人章应清晰,符合规范;④签发银行汇票时,要检查出票日期、收款人的名称和账号、出票金额、付款人的信息、银行签章是否正确,把第二联和第三联一同交给经办人。

任务3-9　销售、捐赠业务核算

学习任务

业务38：12月17日，向客户王大力销售钢结构0.5吨，单价5 000元/吨，开具增值税普通发票，产品已发出，款项已经收到。

【能力目标】

通过该业务，掌握增值税普通发票的填制方法，以及个人销售业务的会计处理方法。

【岗位分工】

记账会计填制增值税普通发票；制单会计根据填制完毕的原始凭证填制现金凭证。

【任务要求】

填制相关凭证，出纳登记现金日记账。

业务39：12月17日，向富利建设工程公司销售复合板30吨，单价5 500元/吨，开具增值税专用发票，产品已发出。

【能力目标】

通过该业务，了解增值税专用发票和收据的填制、转账支票的背书，掌握该业务的会计处理方法。

【岗位分工】

记账会计填制增值税专用发票；出纳填写进账单，进行转账支票的背书；制单会计根据填制完毕的原始凭证填制现金凭证、银行凭证。

【任务要求】

填制相关凭证，出纳登记银行存款日记账和现金日记账。

业务40：12月17日，购买复印纸3包。

【能力目标】

通过该业务，掌握购买办公用品的会计处理方法。

【岗位分工】

制单会计根据普通发票填制现金凭证。

【任务要求】

填制相关凭证，出纳登记现金日记账。

业务41：12月18日，采购部购买工作服6 847.30元，用转账支票支付。

【能力目标】

通过该业务，掌握入库单和转账支票的填制方法。

【岗位分工】

出纳填制转账支票，记账会计填制入库单，制单会计根据相关原始凭证填制银行凭证。

【任务要求】

填制相关凭证，出纳登记银行存款日记账。

考核 业务42：12月18日，向希望工程捐款10 000元。

【能力目标】

通过该业务，掌握转账支票的填制方法，了解捐款业务使用的会计科目。

【岗位分工】

出纳填制转账支票，制单会计据以填制银行凭证。

【任务要求】

填制相关凭证，出纳登记银行存款日记账。

知识点考核

1. 向个人和单位销售产品，两者在会计核算上有何不同？
2. 进行会计核算时，如何根据原始凭证判断会计业务的处理方法？
3. 如何根据经济业务的金额判断会计科目的使用方法？

知识链接

企业对外捐赠受到相关法律法规的约束，不能随心所欲地捐赠，要考虑对增值税、企业所得税等税种的影响。例如，《中华人民共和国企业所得税法》(以下简称《企业所得税法》)规定，企业发生的公益性捐赠支出，在年度利润总额12%以内的部分，准予在计算应纳税所得额时扣除；超过年度利润总额12%的部分，准予结转以后三年内在计算应纳税所得额时扣除。

任务3-10　销售、职工福利业务核算

学习任务

业务43：12月19日，支付员工培训费900元。

【能力目标】

通过该业务，了解培训费业务使用的会计科目。

【岗位分工】

制单会计根据原始凭证填制现金凭证。

【任务要求】

填制相关凭证，出纳登记现金日记账。

业务44：12月20日，向大连飞鹤特种材料厂(账号：302575004531，开户银行：大连银行二七支行)支付上月的材料款50 000元。

【能力目标】

通过该业务，掌握电汇凭证的填制方法和账务处理方法。

【岗位分工】

出纳填制电汇凭证，制单会计根据原始凭证填制银行凭证。

【任务要求】

填制相关凭证，出纳登记银行存款日记账。

业务45：12月21日，从兴隆粮油经销部购买2 000元大米、白面等供职工食堂使用。

【能力目标】

通过该业务，掌握职工福利的处理方法。

【岗位分工】

制单会计根据原始凭证填制结算凭证。

【任务要求】

填制相关凭证，出纳登记现金日记账。

业务46：12月22日，从沈阳市大发包装箱加工厂购买包装箱和包装膜，共9 505元，已经取得增值税专用发票，材料验收入库；用转账支票支付运费500元，已经取得运费专用发票。

【能力目标】

通过该业务，掌握购买材料和分摊运费的处理方法。

【岗位分工】

制单会计根据原始凭证填制结算凭证。

【任务要求】

填制相关凭证，出纳登记银行存款日记账。

考核 业务47：12月22日，销售库存涂料0.9吨，单价3 150元/吨，开具发票，收到对方支付的转账支票和现金，存入开户银行；结转涂料的实际成本。

【能力目标】

通过该业务，了解转账支票的背书，以及销售业务收取支票和现金业务的会计处理方法，掌握计算材料成本的方法。

【岗位分工】

出纳进行转账支票的背书和填制进账单、收据，记账会计填制增值税专用发票，制单会计据以填制银行凭证。

【任务要求】

填制相关凭证，出纳登记现金日记账和银行存款日记账。

知识点考核

1. 企业职工福利的会计处理方法有哪些？
2. 如何填制电汇凭证？
3. 采购业务发生运费应如何处理？销售业务发生运费应如何处理？

知识链接

销售产品时，根据是否收到款项、是否开具发票、产品是否出库，分别记入"银行存款""应收账款""应收票据"等科目，产品的成本一般在月末统一结转；销售材料取得的收入记入"其他业务收入"科目，还要考虑增值税的处理，在确认收入的同时结转成本，材料的成本记入"其他业务成本"科目。

任务3-11　编制科目汇总表2

学习任务

业务48：12月23日，编制12月10—22日的科目汇总表。

【能力目标】

通过该业务，掌握科目汇总表的编制方法、借贷方差额调整的方法。

【岗位分工】

会计主管编制科目汇总表并据此登记总账，制单会计协助。记账会计整理明细账，出纳整理日记账。

【任务要求】

(1) 整理凭证。制单会计把12月10日至12月22日的现金凭证、银行凭证、转账凭证整理完毕。每类凭证的编号从1开始，按顺序编号，中间不得缺号、断号。

(2) 登记工作底稿。会计主管根据整理好的凭证进行科目汇总表的编制。首先根据总账账户设立T形账工作底稿，然后把总账账户的发生额登记到T形账工作底稿中，所有凭证都登记完毕后算出借贷方的发生额合计。

(3) 编制科目汇总表。首先，根据总账账户科目代码的顺序排列会计科目，其次，把T形账工作底稿账户对应的金额登记到汇总表中，最后，算出合计。如果借方金额合计和贷方金额合计相等，则意味着汇总表平衡。

(4) 差异调整。如果借方金额合计和贷方金额合计不相等，则意味着汇总表不平衡，需要进行调整。调整的步骤如下。

第一步，做差。借方金额合计和贷方金额合计做差，计算出两者的差额。

第二步，查询。查找工作底稿的总账账户，看看是否漏记了该金额。

第三步，计算。如果查找工作底稿后仍然找不到该差额，则可以将差额乘以2或者除以2再进行查找。

第四步，核对。如果仍然查询不到差额，则应把所有账户的发生额和T形账工作底稿的金额进行逐一核对，查找差额。

第五步，比较。如果仍然查询不到差额，则应首先核对记账凭证和原始凭证的金额是否相符，然后核对记账凭证和工作底稿的金额是否相符，最后核对工作底稿中每个总账账户的合计金额是否正确。

业务49：12月24日，编制试算平衡表。

【能力目标】

通过该业务，掌握试算平衡表的编制方法，了解平衡表的会计原理。

【岗位分工】

记账会计根据科目汇总表和期初余额编制试算平衡表。

【任务要求】

出纳协助记账会计完成平衡表的编制工作。

试算平衡表的格式如表3-2所示。

表3-2　试算平衡表

年　　月　　日

科目名称	期初余额		本期发生额		期末余额	
	借方	贷方	借方	贷方	借方	贷方
1×××						
2×××						
4×××						
5×××						
6×××						
合计						

———— 知识点考核 ————

试算平衡表中期末余额的借方和贷方相等,体现了哪一个会计等式?本期发生额的借方和贷方相等,体现了什么?

项目四 成本核算

能力目标

- 能够正确地分配水电费等费用。
- 能够正确地计提固定资产折旧。
- 能够根据《企业会计准则第9号——职工薪酬》及应用指南进行职工薪酬业务的会计核算。
- 能够根据《企业产品成本核算制度(试行)》进行产品成本的计算、分配、汇总。
- 能够准确地登记日记账、明细账、总账。
- 能够正确地传递会计凭证,进行会计稽核。

知识目标

- 根据《会计基础工作规范》的规定,熟练填制凭证、登记账簿。
- 熟悉《会计法》《企业会计准则》《企业产品成本核算制度(试行)》《会计基础工作规范》《会计档案管理办法》等相关会计法律法规。
- 掌握三类会计账簿(三栏式、多栏式、数量金额式)的登记方法,掌握错账更正的三种方法(画线更正法、红字冲销法、补充登记法)。

岗位认知

- 根据提供的原始凭证判断经济业务的来龙去脉。
- 根据原始凭证准确地进行会计处理。
- 及时总结同类型业务的会计处理方式。

关键词

折旧、职工薪酬、成本

知识结构图

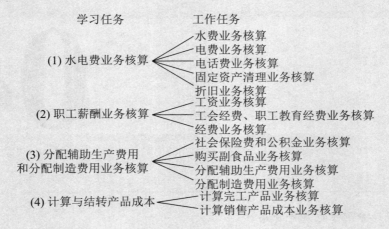

案例分享

翻车的餐饮红人[①]

北大学子在毕业后,最想念的母校美食之一是康博思食堂的鸡腿饭。作为北大的一个"符号",鸡腿饭的传说始终流传于江湖。

缔造北大鸡腿饭传说的,是出生于1981年8月的高某某。他在本科论文中,对中式快餐进行了深入探讨。因思路超前,他受邀加入北大餐饮中心工作。到北大工作之后,高某某做的第一件事,是成立了康博思中式快餐厅,并推出了著名的"康博思鸡腿饭"。

高某某一战成名,成了餐饮界"红人",2017年被挖角到字节跳动科技,掌管集团餐饮部门,然而谁也没想到,入职公司不久,高某某就走上了犯罪的道路。

高某某在入职字节两个月后,就约见了两个供货商的法人代表,要求他们按每月总流水的4%给自己回扣。2017年至2020年,高某某每个月都能从两人手中拿到5万元～30万元不等的"好处费",为两个公司在资金结算、合同续签等环节提供便利。三年间他共贪污钱款1 024.7万元,被北京市法院以非国家工作人员受贿罪判处有期徒刑6年。

分析提示:高某某通过"吃回扣"的方式获取"好处费",贪污千万元满足个人的私欲,侵吞企业利益。"莫伸手,伸手必被捉",很多贪腐人员以为做得非常隐秘,抱着侥幸心理,通过各种各样的违法违纪行为谋取个人私利,殊不知,天网恢恢疏而不漏,终归要为此付出代价。会计人员应吸取教训,不要利用职权"吃拿卡要",认真做好本职工作,做到爱岗敬业,在工作中锤炼自己,自觉抵御外部诱惑,否则会在铁窗中懊悔终生。

项目导入

期末,要计提固定资产折旧、进行职工薪酬的汇总和分配,要完成产品成本的核算,计算当月完工入库产品和销售产品的成本,为准确地计算当期利润奠定基础。

[①] 资料来源:佚名,三年贪污1 000万! 叱咤北大食堂的他,在字节跳动翻了车……[EB/OL].(2021-03-31). https://baijiahao.baidu.com/s?id=1695727512609582697&wfr=spider&for=pc.根据相关文件资料整理。

任务4-1　水电费业务核算

学习任务

业务50：12月27日，公司收到银行委托收款通知书，支付本月水费888元，按照部门进行分摊。

【能力目标】

根据增值税专用发票和各部门用水量，对水费进行分摊，正确填制用水分配表。

【岗位分工】

记账会计填制用水分配表；制单会计根据相关原始凭证填制银行凭证。

【任务要求】

填制相关凭证，出纳登记银行存款日记账。

业务51：12月27日，公司收到银行委托收款通知书，支付本月电费27 231元，按照部门进行分摊。

【能力目标】

根据增值税专用发票和各部门用电量将电费进行分摊，正确填制用电分配表。

【岗位分工】

记账会计填制用电分配表，制单会计根据相关原始凭证填制银行凭证。

【任务要求】

填制相关凭证，出纳登记银行存款日记账。

业务52：12月28日，公司收到银行委托收款通知书，支付本月电话费1 050元。

【能力目标】

根据电话费发票判断经济业务。

【岗位分工】

制单会计根据相关原始凭证填制银行凭证。

【任务要求】

填制相关凭证，出纳登记银行存款日记账。

业务53：12月28日，公司出售闲置的打印机给个人，取得收入600元，已经开具发票，现金收讫。

【能力目标】

通过固定资产清理单进行会计业务处理，掌握增值税普通发票的开具方法，掌握计算清理净收益或净损失的方法。

【岗位分工】

记账会计填写增值税普通发票，制单会计根据相关原始凭证填制转账凭证、现金凭证。

【任务要求】

填制相关凭证，出纳登记现金日记账。

考核 业务54：12月29日，计提固定资产折旧。

【能力目标】

通过该业务，能够熟练地计算固定资产的折旧并进行账务处理。

【岗位分工】

记账会计填制固定资产折旧计算表，制单会计根据折旧计算表填制会计凭证。

【任务要求】

记账会计计算并填制固定资产折旧计算表。

知识点考核

1. 如何分摊水电费？分摊的费用包括增值税吗？
2. 为什么要按照部门进行水电费的分摊？
3. 固定资产出售时应使用哪个会计科目？
4. 固定资产清理时应考虑的因素有哪些？
5. 在工作中自制原始凭证是否可行？需要考虑哪些因素？

知识链接

固定资产计提折旧时一般记入"制造费用""管理费用""销售费用"等科目。为什么不记入"生产成本"科目呢？因为固定资产在使用过程中会生产多种产品，而折旧无法准确地分摊到每种产品中，没有明确的分配标准，所以大多数固定资产的折旧都计入费用。如果某项资产在存续期间专门为某种产品服务，则该项资产的折旧可以记入"生产成本"科目中。

任务4-2　职工薪酬业务核算

―――― 学习任务 ――――

业务55：12月29日，公司计算当月工资，按照工时分摊费用。

【能力目标】

依据工资计算表完成工资汇总表，根据工资汇总表和工时统计表完成工资分配表，完成对工资项目中应发合计和代扣款项的会计处理。

【岗位分工】

记账会计填制工资计算表、汇总表和分配表，制单会计根据相关原始凭证填制转账凭证。

【任务要求】

计算并填制相关表格，做到数据计算准确、会计处理正确、会计科目使用无误。

考核 **业务56**：12月29日，计提单位负担的工会经费、职工教育经费。

【能力目标】

通过该业务，熟练地计算工会经费和职工教育经费并进行账务处理。

【岗位分工】

记账会计填制工会经费、职工教育经费计算表，制单会计根据计算表填制会计凭证。

【任务要求】

数据计算准确，会计处理正确无误。

―――― 知识点考核 ――――

1. 如何计算工资中各项社会保险费用？
2. 如何计算个人所得税？
3. 对工资项目中应发合计和代扣款项进行会计处理时，应使用哪些会计科目？
4. 代扣款项必须计入本月吗？可否计入下个月？为什么？

―――― 知识链接 ――――

单位负担的社会保险、工会经费、职工教育经费等工资项目记入"应付职工薪酬"科目，职工个人负担的养老保险、失业保险、医疗保险、住房公积金等项目记入"其他应付款"科目。

任务4-3　分配辅助生产费用和分配制造费用业务核算

―――― 学习任务 ――――

业务57：12月30日，计提单位负担的社会保险费和住房公积金。

【能力目标】

通过该业务，熟练计算社会保险费和住房公积金并进行账务处理。

【岗位分工】

记账会计填制社会保险费和住房公积金计算表，制单会计根据计算表填制会计凭证。

【任务要求】

数据计算准确，会计处理正确无误。

业务58：12月30日，购买副食品发放给职工。

【能力目标】

通过该业务，掌握发放职工福利时的账务处理方法。

【岗位分工】

出纳签发转账支票，记账会计计算福利分配表，制单会计根据计算表填制会计凭证。

【任务要求】

数据计算准确，会计处理正确无误，出纳登记银行存款日记账。

业务59：12月31日，分配辅助生产费用。

【能力目标】

通过该业务，正确分配辅助生产成本并进行账务处理。

【岗位分工】

记账会计计算并填制辅助生产成本分配表，制单会计根据分配表填制会计凭证。

【任务要求】

数据计算准确，会计处理正确无误。

考核 **业务60**：12月31日，分配制造费用。

【能力目标】

通过该业务，正确汇总、分配制造费用，填写制造费用分配表并进行账务处理。

【岗位分工】

记账会计计算并填制制造费用分配表，制单会计根据分配表填制会计凭证。

【任务要求】

数据计算准确,会计处理正确无误。

知识点考核

1. 如何计算并填制社会保险费和住房公积金分配表?
2. 购买并发放职工福利时,为什么要按照工时对基本生产工人的福利费进行分摊?
3. 分摊辅助生产成本的工作步骤是什么?
4. 分摊的辅助生产成本必须计入"基本生产成本"吗?可否记入"管理费用"科目?

任务4-4　计算与结转产品成本

―――― **学习任务** ――――

业务61：12月31日，计算并结转本月完工产品成本。

【能力目标】

通过该业务，熟练计算并填制完工产品与月末在产品成本分配表、完工产品成本汇总表。

【岗位分工】

记账会计填制完工产品与月末在产品成本分配表、完工产品成本汇总表，制单会计根据分配表和汇总表填制会计凭证。

【任务要求】

数据计算准确，会计处理正确无误。

[考核] 业务62：12月31日，计算并结转本月已销产品的成本。

【能力目标】

通过该业务，熟练计算并填制产品出库汇总表和发出产品成本计算表。

【岗位分工】

记账会计填制产品出库汇总表和发出产品成本计算表，制单会计根据分配表和汇总表填制会计凭证。

【任务要求】

数据计算准确，会计处理正确无误。

―――― **知识点考核** ――――

1. 如何填制完工产品与月末在产品成本分配表？
2. 本期发生的直接材料应如何归集、分配？
3. 本期发生的直接人工应如何归集、分配？
4. 本期发生的制造费用应如何归集、分配？是否有便捷的方法？
5. 月末在产品的约当产量应如何计算？
6. 完工产品的成本和月末在产品的成本在计算上有什么不同？

―――― **知识链接** ――――

关于成本：①企业的支出如果取得发票且和生产的产品有关系，则该项支出计入成本，否则计入费用；②成本包括料(直接材料)、工(直接人工)、费(制造费用)三项；③料(直接材料)和工(直接人工)直接计入成本，从记账凭证中可以获得；费(制造费用)间接计入成本，需要先汇总后分配；④成本分为基本生产成本和辅助生产成本。

05

项目五 期末会计工作

能力目标

- 能够正确地计算利息，计提坏账准备。
- 能够完成期末财产清查，按照程序处理清查过程中发现的问题。
- 能够正确地计算增值税、企业所得税等各种税金并进行会计处理。
- 能够结转期间损益并进行利润分配。
- 能够准确地登记日记账、明细账、总账。
- 能够正确地传递会计凭证，进行会计稽核。

知识目标

- 根据《会计基础工作规范》的规定，熟练填制凭证、登记账簿。
- 根据《中华人民共和国增值税暂行条例》《增值税会计处理规定》(财会〔2016〕22号)，能够进行增值税的计算和会计处理。
- 根据《中华人民共和国企业所得税法》及《中华人民共和国企业所得税法实施条例》，能够进行企业所得税的计算和会计处理。
- 熟悉《会计法》《企业会计准则》《企业产品成本核算制度(试行)》《会计基础工作规范》《会计档案管理办法》等相关会计法律法规。
- 掌握三类会计账簿(三栏式、多栏式、数量金额式)的登记方法，掌握错账更正的三种方法(画线更正法、红字冲销法、补充登记法)。

岗位认知

- 期末能够完成账项调整，及时进行会计处理。
- 根据经济业务完成增值税和企业所得税的计算和申报。
- 熟练地进行利润分配。

关键词

财产清查、增值税、企业所得税、期间损益、利润分配

知识结构图

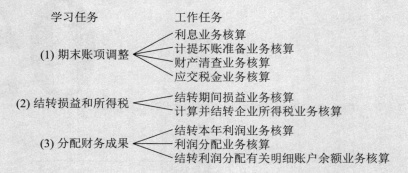

案例分享

挪用3 200万余元炒股的"90后"会计[①]

近期,安徽省铜陵市铜官区人民法院公布了一份刑事判决书,被告人刘某某(男,1991年出生)因涉嫌挪用资金于2020年11月26日拘留,一审被判处有期徒刑5年。

刘某某曾担任安徽铜峰电子股份有限公司佛山镀膜分公司会计兼出纳,根据《会计法》,这两个相互监督的岗位不允许兼任。

2016年11月至2020年10月,4年间刘某某利用职务便利,使用其掌管的两个网银安全U盾(分别有财务收付权限和审核权限)将公司银行账户内的资金3 235万元转至其个人安信证券股票账户用于买卖股票、基金及购买车辆。自2018年9月起,刘某某陆续提前背书转让公司银行承兑汇票1 076万余元,用于偿还前期挪用的公司银行存款资金,至案发时尚有396万余元未归还。

由于刘某某主动投案并如实供述自己的罪行,系自首且自愿认罪认罚,法院依法从宽处罚,以犯挪用资金罪,一审判处刘某某有期徒刑5年,并退赔396万余元。

分析提示:刘某某担任分公司的会计兼出纳,根据《中华人民共和国会计法》,这两个相互监督的岗位不允许兼任。这是企业的财务制度出现了漏洞,内控失灵,给了刘某某可乘之机。会计人员发现内控制度不健全后应当及时向领导或上级部门反映该问题,主动建立抵御防线,拒腐防变,保证企业资金的安全,以免自己被拉下水,走上不归路。没有监督的权力容易让人迷失,不用白不用的资金让其沉醉其中,刘某某就是把企业的资金当成了自己的,一步一步迷失自己,最终身陷囹圄。

项目导入

期末,要进行账项调整,需要完成计提利息和坏账准备、财产清查和处理,计算各种税金,结转期间损益,完成利润分配。

---

① 资料来源:金融界,"90后"会计挪用3 200万余元炒股,作案4年公司竟无察觉,铜峰电子现荒诞一幕![EB/OL].(2022-01-10). https://baijiahao.baidu.com/s?id=1721581990215164228&wfr=spider&for=pc.根据相关文件资料整理。

任务5-1　期末账项调整

学习任务

业务63：12月31日，计提长期借款的利息。

【能力目标】

通过填制长期借款利息计算表，计算当期的利息。

【岗位分工】

记账会计填制长期借款利息计算表，制单会计根据相关原始凭证填制转账凭证。

【任务要求】

数据计算准确，会计处理正确无误。

业务64：12月31日，计提坏账准备。

【能力目标】

通过填制坏账准备计算表，计算当期计提的坏账准备。

【岗位分工】

记账会计填制坏账准备计算表，制单会计根据相关原始凭证填制转账凭证。

【任务要求】

数据计算准确，会计处理正确无误。

业务65：12月31日，进行财产清查时发现材料盘亏，报董事会批准。

【能力目标】

通过填制财产清查报告单，正确计算当期盘盈(亏)的金额；根据处理通知单进行会计核算。

【岗位分工】

记账会计填制财产清查报告单，制单会计根据相关原始凭证填制转账凭证。

【任务要求】

数据计算准确，会计处理正确无误。

考核 业务66：12月31日，计算本期各种应交税金。

【能力目标】

通过填制税金计算表，计算当期应缴纳的增值税、城市维护建设税、房产税等。

【岗位分工】

记账会计填制增值税计算表，由主管和出纳协助；制单会计根据相关原始凭证填制转账凭证。

【任务要求】

数据计算准确，会计处理正确无误。

知识点考核

1. 如何计提长期借款的利息？
2. 为什么要按照账龄分析法计提坏账准备？账龄分析法和应收账款余额百分比法相比，有哪些特点？
3. 财产清查时增值税如何处理？

知识链接

期末增值税的计算：期末计算增值税时，先计算销项税额，再计算进项税额，最后进行账务处理。"应交税费"科目下设置"应交增值税""未交增值税""预交增值税""待抵扣进项税额""待认证进项税额""待转销项税额""增值税留抵税额""简易计税""转让金融商品应交增值税""代扣代交增值税"等明细科目。

月度终了，企业应当将当月应交未交或多交的增值税自"应交增值税"明细科目转入"未交增值税"明细科目。对于当月应交未交的增值税，借记"应交税费——应交增值税(转出未交增值税)"科目，贷记"应交税费——未交增值税"科目；对于当月多交的增值税，借记"应交税费——未交增值税"科目，贷记"应交税费——应交增值税(转出多交增值税)"科目。

缴纳当月应交增值税的账务处理：企业缴纳当月应交的增值税，借记"应交税费——应交增值税(已交税金)"科目(小规模纳税人应借记"应交税费——应交增值税"科目)，贷记"银行存款"科目。

任务5-2　结转损益和所得税

学习任务

业务67：12月31日，结转期间损益。

【能力目标】

通过损益类账户期间发生额的计算，掌握结转期间损益的方法。

【岗位分工】

记账会计、出纳计算期间损益，制单会计根据相关原始凭证填制转账凭证。

【任务要求】

数据计算准确，会计处理正确无误。

考核 业务68：12月31日，计算并结转企业所得税。

【能力目标】

通过编制企业所得税计算表，掌握本期企业所得税的计算和结转方法。

【岗位分工】

记账会计编制企业所得税计算表，制单会计根据相关原始凭证填制转账凭证。

【任务要求】

数据计算准确，会计处理正确无误。

知识点考核

1. 如何结转期间损益？
2. 如何计算企业所得税？纳税调整增加额和减少额包括哪些内容？
3. 企业所得税在计算时有什么特点？

任务5-3 分配财务成果

—— 学习任务 ——

业务69：12月31日，结转本年利润。

【能力目标】

通过结转本年利润，计算当期的净收益(损失)，转到"利润分配——未分配利润"科目里。

【岗位分工】

记账会计计算当期净收益(损失)，制单会计根据相关原始凭证填制转账凭证。

【任务要求】

数据计算准确，会计处理正确无误。

业务70：12月31日，进行利润分配。

【能力目标】

通过利润分配，掌握盈余公积和股东利润的分配方法。

【岗位分工】

记账会计编制利润分配计算表，制单会计根据相关原始凭证填制转账凭证。

【任务要求】

数据计算准确，会计处理正确无误。

[考核] 业务71：12月31日，结转利润分配有关明细账户余额。

【能力目标】

通过利润分配各个明细账户余额的结转，了解利润分配各个明细账户的形成和使用。

【岗位分工】

制单会计根据相关原始凭证填制转账凭证。

【任务要求】

数据计算准确，会计处理正确无误。

—— 知识点考核 ——

1. 如何结转本年利润？需要考虑哪些要素？
2. 如何进行利润分配？
3. 利润分配各个明细账户余额最终结转到哪里？体现在哪个会计报表里？其作用是什么？

—— 知识链接 ——

企业利润的形成：企业的利润是企业经营者经营企业形成的。企业经营得好，收入较多，费用较低，就会有利润；反之企业经营得不好，收入较少，费用较高，就会发生亏损。

项目六 编制报表

能力目标

- 能够正确地编制科目汇总表和试算平衡表。
- 能够完成期末对账和结账。
- 能够熟练地编制会计报表。
- 能够完成增值税纳税申报表的填制工作。
- 能够准确地登记日记账、明细账、总账。
- 能够正确地传递会计凭证,进行会计稽核。

知识目标

- 根据《会计基础工作规范》的规定,熟练完成对账、结账工作。
- 熟练完成会计报表的编制。
- 熟悉《会计法》《企业会计准则》《企业产品成本核算制度(试行)》《会计基础工作规范》《会计档案管理办法》等相关会计法律法规。
- 掌握三类会计账簿(三栏式、多栏式、数量金额式)的登记方法,掌握错账更正的三种方法(画线更正法、红字冲销法、补充登记法)。

岗位认知

- 根据试算平衡表熟练地编制会计报表。
- 熟练地进行利润分配,编制财务分析报告,及时总结企业财务状况和经营成果。
- 通过财务分析,找到企业经营过程中存在的问题,提出改善的建议。

关键词

对账、结账、会计报表、纳税申报、财务分析

知识结构图

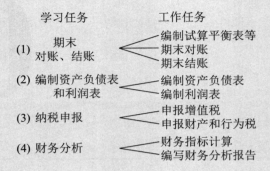

案例分享

盗卖废纸箱的三只松鼠前高管[①]

在三只松鼠股份有限公司上班的蒋某，2013年7月入职任物流仓管，案发前任物流参谋部总参谋。2018年10月至2020年4月，蒋某伙同同事童某某采取销售不入账或调整过磅表等方式，将三只松鼠股份有限公司出售的废旧纸箱(价值68.4万元)占为己有。其中，被告人蒋某分得34.4万元，童某某分得34万元。

此外，蒋某利用职务便利，在2017年9月至2020年1月，先后5次接受北京龙金亿劳务服务有限公司法定代表人王某(另案处理)的贿赂，包括现金279 042元及价值429 000元的华晨宝马牌轿车一辆，共计价值708 042元。

最终，蒋某因犯非国家工作人员受贿罪，判处有期徒刑一年零十个月，并处罚金人民币100 000元。被告人童某某犯职务侵占罪，判处有期徒刑一年，宣告缓刑两年，并处罚金人民币50 000元。

分析提示：蒋某利用职务犯罪，不仅自己受到了应有的惩罚，也给所在的企业"抹黑"，让企业声誉受损。企业应当建立内部控制制度，扎好制度的篱笆，加强对纸箱等数量较大的废旧物资的监管。作为会计人员，不仅要负责做账，还要负责监督，认真梳理工作流程，针对可能发生贪腐的领域提出合理化建议，防患于未然，不给贪污分子可乘之机，斩断伸向利益的"黑手"，避免职务犯罪的发生。

项目导入

期末，要完成对账和结账工作，根据试算平衡表编制会计报表，进行纳税申报，完成财务分析，就企业经营过程中发现的问题提出合理化建议。

[①] 资料来源：新浪财经，偷卖公司废纸箱百万斤，获利68万，三只松鼠前高管被判刑[EB/OL].(2021-6-23). https://baijiahao.baidu.com/s?id=1703344758869028235&wfr=spider&for=pc.根据相关文件资料整理。

任务6-1　期末对账、结账

学习任务

业务72：12月31日，编制科目汇总表、试算平衡表，登记会计账簿。
【能力目标】
通过该业务，掌握科目汇总表、试算平衡表的编制方法和会计账簿的登记方法。
【岗位分工】
会计主管编制科目汇总表、试算平衡表，制单会计协助；出纳登记日记账；记账会计登记明细账；会计主管登记总账。
【任务要求】
数据计算准确，会计处理正确无误。

业务73：12月31日，期末对账。
【能力目标】
通过核对银行存款日记账和银行对账单，编制银行存款余额调节表。
【岗位分工】
制单会计核对银行存款日记账和银行对账单，编制银行存款余额调节表。
【任务要求】
数据计算准确，会计处理正确无误。

考核 **业务74**：12月31日，期末结账。
【能力目标】
通过对会计账簿进行结账，掌握结账的方法。
【岗位分工】
出纳结转日记账，记账会计结转明细账，会计主管结转总账。
【任务要求】
数据计算准确，会计处理正确无误。

知识点考核

1. 对账前为什么要编制试算平衡表？
2. 为什么是会计负责编制银行存款余额调节表，而不是由出纳完成该任务？

知识链接

对账时应注意以下几个方面。①账证相符。核对账簿记录与原始凭证、记账凭证的时间、凭证字号、内容、金额等是否一致，记账方向是否相符。②账账相符。总账和明细账、总账和日记账、明细账之间相互核对，检查记账工作是否有误。③账实相符。各项财产物资、债权债务等账面余额与实有数额之间相互核对，检查账实是否相符。

任务6-2　编制资产负债表和利润表

学习任务

业务75、业务76：编制资产负债表和利润表。

【能力目标】
通过编制资产负债表和利润表，掌握报表的编制方法。

【岗位分工】
会计主管编制资产负债表和利润表，记账会计协助；出纳和制单会计整理凭证。

【任务要求】
数据计算准确，会计处理正确无误。

知识点考核

1. 期末应先编制利润表还是资产负债表？
2. 如何编制利润表？有无便捷方法？
3. 如何编制资产负债表？有无便捷方法？

任务6-3　纳税申报

学习任务

业务77：编制纳税申报表。

【能力目标】
通过该业务，掌握纳税申报表的编制方法。

【岗位分工】
记账会计、会计主管编制增值税纳税申报表及附表；出纳、制单会计编制财产和行为税纳税申报表(财产和行为税包括城镇土地使用税、房产税、印花税、车船税等)。

【任务要求】
数据计算准确，会计处理正确无误。

知识点考核

1. 如何编制增值税纳税申报表？
2. 如何编制企业所得税申报表？
3. 如何编制个人所得税申报表？

任务6-4 财务分析

学习任务

业务78：进行财务分析。

【能力目标】
通过计算财务指标，掌握财务分析报告的编写方法。

【岗位分工】
记账会计计算财务指标，会计主管撰写财务分析报告。

【任务要求】
数据计算准确，会计处理正确无误。

知识点考核

如何编制财务分析报告？

项目任务单

任务3-1　工作清单

班级：_____　小组：_____　组员：_____

学号：		姓名：		实训日期：		实训地点：			
学习项目：项目三			任务编号：3-1		任务名称：销售、采购业务核算				
任务要求：填制会计凭证，登记会计账簿									
专业技能评价									
指标	名称	分值	评价内容及评分标准	自评	自评签字	互评	互评签字	师评	师评签字
专业技能	原始凭证填制	30	原始凭证填制内容(日期、金额、签名等)完整、正确，每处错误扣____分，每少一张扣____分						
	记账凭证编制	30	记账凭证填制内容(日期、摘要、科目、金额、画线、附件、签名、稽核、符号等)完整、正确，每处错误扣____分，每少一张扣____分						
	账簿登记	20	账簿登记内容(日期、摘要、对方科目、金额、余额、借贷方向等)完整、正确，每处错误扣____分						
	会计报表编制	10	会计报表编制内容(编制单位、时间、签名、钩稽关系、书写等)完整、正确，每处错误扣____分						
	财务软件处理	10	录入或生成的记账凭证正确，凭证审核、记账正确，每处错误扣____分						
工作成果									

任务3-1　考核报告单

班级：_____　　小组：_____　　组员：_____

学号：	姓名：	实训日期：	实训地点：
学习项目：项目三	任务编号：3-1	任务名称：销售、采购业务核算	
考核内容：业务考核、知识点考核、其他考核			总分：
1. 本次任务的重点是什么？			
2. 本次任务的难点是什么？			
3. 本次任务的收获和体会是什么？			
4. 本次任务还有哪些问题没有解决？			
5. 本次任务学习效果如何？为什么？			
6. 本次任务是否利用了网络、多媒体等资源完成？有什么启发？			
7. 本次任务最满意的地方是什么？			
备注：总分90~100为优秀，80~89为良好，60~79为及格，60以下为不及格。			

任务3-2 工作清单

班级：_____　　小组：_____　　组员：_____

学号：		姓名：		实训日期：		实训地点：	
学习项目：项目三		任务编号：3-2		任务名称：发放工资、购买固定资产业务核算			
任务要求：填制会计凭证，登记会计账簿							

<table>
<tr><td colspan="11" align="center">专业技能评价</td></tr>
<tr><td>指标</td><td>名称</td><td>分值</td><td>评价内容及评分标准</td><td>自评</td><td>自评签字</td><td>互评</td><td>互评签字</td><td>师评</td><td>师评签字</td></tr>
<tr><td rowspan="5">专业技能</td><td>原始凭证填制</td><td>30</td><td>原始凭证填制内容(日期、金额、签名等)完整、正确，每处错误扣____分，每少一张扣____分</td><td></td><td></td><td></td><td></td><td></td><td></td></tr>
<tr><td>记账凭证编制</td><td>30</td><td>记账凭证填制内容(日期、摘要、科目、金额、画线、附件、签名、稽核、符号等)完整、正确，每处错误扣____分，每少一张扣____分</td><td></td><td></td><td></td><td></td><td></td><td></td></tr>
<tr><td>账簿登记</td><td>20</td><td>账簿登记内容(日期、摘要、对方科目、金额、余额、借贷方向等)完整、正确，每处错误扣____分</td><td></td><td></td><td></td><td></td><td></td><td></td></tr>
<tr><td>会计报表编制</td><td>10</td><td>会计报表编制内容(编制单位、时间、签名、钩稽关系、书写等)完整、正确，每处错误扣____分</td><td></td><td></td><td></td><td></td><td></td><td></td></tr>
<tr><td>财务软件处理</td><td>10</td><td>录入或生成的记账凭证正确，凭证审核、记账正确，每处错误扣____分</td><td></td><td></td><td></td><td></td><td></td><td></td></tr>
<tr><td>工作成果</td><td colspan="10"></td></tr>
</table>

任务3-2　考核报告单

班级：_____　　小组：_____　　组员：_____

学号：	姓名：	实训日期：	实训地点：
学习项目：项目三	任务编号：3-2	任务名称：发放工资、购买固定资产业务核算	
考核内容：业务考核、知识点考核、其他考核			总分：

1. 本次任务的重点是什么？
2. 本次任务的难点是什么？
3. 本次任务的收获和体会是什么？
4. 本次任务还有哪些问题没有解决？
5. 本次任务学习效果如何？为什么？
6. 本次任务是否利用了网络、多媒体等资源完成？有什么启发？
7. 本次任务最满意的地方是什么？
备注：总分90～100为优秀，80～89为良好，60～79为及格，60以下为不及格。

任务3-3 工作清单

班级：_____ 小组：_____ 组员：_____

学号：	姓名：	实训日期：	实训地点：
学习项目：项目三	任务编号：3-3	任务名称：收发存货、报销业务核算	

任务要求：填制会计凭证，登记会计账簿

<table>
<tr><td colspan="11" align="center">专业技能评价</td></tr>
<tr><td>指标</td><td>名称</td><td>分值</td><td>评价内容及评分标准</td><td>自评</td><td>自评签字</td><td>互评</td><td>互评签字</td><td>师评</td><td>师评签字</td></tr>
<tr><td rowspan="5">专业技能</td><td>原始凭证填制</td><td>30</td><td>原始凭证填制内容(日期、金额、签名等)完整、正确，每处错误扣____分，每少一张扣____分</td><td></td><td></td><td></td><td></td><td></td><td></td></tr>
<tr><td>记账凭证编制</td><td>30</td><td>记账凭证填制内容(日期、摘要、科目、金额、画线、附件、签名、稽核、符号等)完整、正确，每处错误扣____分，每少一张扣____分</td><td></td><td></td><td></td><td></td><td></td><td></td></tr>
<tr><td>账簿登记</td><td>20</td><td>账簿登记内容(日期、摘要、对方科目、金额、余额、借贷方向等)完整、正确，每处错误扣____分</td><td></td><td></td><td></td><td></td><td></td><td></td></tr>
<tr><td>会计报表编制</td><td>10</td><td>会计报表编制内容(编制单位、时间、签名、钩稽关系、书写等)完整、正确，每处错误扣____分</td><td></td><td></td><td></td><td></td><td></td><td></td></tr>
<tr><td>财务软件处理</td><td>10</td><td>录入或生成的记账凭证正确，凭证审核、记账正确，每处错误扣____分</td><td></td><td></td><td></td><td></td><td></td><td></td></tr>
<tr><td>工作成果</td><td colspan="9"></td></tr>
</table>

任务3-3　考核报告单

班级：_____　小组：_____　组员：_____

学号：	姓名：	实训日期：	实训地点：
学习项目：项目三	任务编号：3-3	任务名称：收发存货、报销业务核算	
考核内容：业务考核、知识点考核、其他考核			总分：

1. 本次任务的重点是什么？

2. 本次任务的难点是什么？

3. 本次任务的收获和体会是什么？

4. 本次任务还有哪些问题没有解决？

5. 本次任务学习效果如何？为什么？

6. 本次任务是否利用了网络、多媒体等资源完成？有什么启发？

7. 本次任务最满意的地方是什么？

备注：总分90～100为优秀，80～89为良好，60～79为及格，60以下为不及格。

任务3-4 工作清单

班级：_____ 小组：_____ 组员：_____

学号：		姓名：		实训日期：		实训地点：	
学习项目：项目三		任务编号：3-4		任务名称：销售、缴费业务核算			
任务要求：填制会计凭证，登记会计账簿							

<table>
<tr><td colspan="10" align="center">专业技能评价</td></tr>
<tr><td>指标</td><td>名称</td><td>分值</td><td>评价内容及评分标准</td><td>自评</td><td>自评签字</td><td>互评</td><td>互评签字</td><td>师评</td><td>师评签字</td></tr>
<tr><td rowspan="5">专业技能</td><td>原始凭证填制</td><td>30</td><td>原始凭证填制内容(日期、金额、签名等)完整、正确，每处错误扣____分，每少一张扣____分</td><td></td><td></td><td></td><td></td><td></td><td></td></tr>
<tr><td>记账凭证编制</td><td>30</td><td>记账凭证填制内容(日期、摘要、科目、金额、画线、附件、签名、稽核、符号等)完整、正确，每处错误扣____分，每少一张扣____分</td><td></td><td></td><td></td><td></td><td></td><td></td></tr>
<tr><td>账簿登记</td><td>20</td><td>账簿登记内容(日期、摘要、对方科目、金额、余额、借贷方向等)完整、正确，每处错误扣____分</td><td></td><td></td><td></td><td></td><td></td><td></td></tr>
<tr><td>会计报表编制</td><td>10</td><td>会计报表编制内容(编制单位、时间、签名、钩稽关系、书写等)完整、正确，每处错误扣____分</td><td></td><td></td><td></td><td></td><td></td><td></td></tr>
<tr><td>财务软件处理</td><td>10</td><td>录入或生成的记账凭证正确，凭证审核、记账正确，每处错误扣____分</td><td></td><td></td><td></td><td></td><td></td><td></td></tr>
<tr><td>工作成果</td><td colspan="9"></td></tr>
</table>

任务3-4　考核报告单

班级：_____　　小组：_____　　组员：_____

学号：	姓名：	实训日期：	实训地点：
学习项目：项目三	任务编号：3-4	任务名称：销售、缴费业务核算	
考核内容：业务考核、知识点考核、其他考核			总分：
1. 本次任务的重点是什么？			
2. 本次任务的难点是什么？			
3. 本次任务的收获和体会是什么？			
4. 本次任务还有哪些问题没有解决？			
5. 本次任务学习效果如何？为什么？			
6. 本次任务是否利用了网络、多媒体等资源完成？有什么启发？			
7. 本次任务最满意的地方是什么？			
备注：总分90～100为优秀，80～89为良好，60～79为及格，60以下为不及格。			

任务3-5 工作清单

班级：_____ 小组：_____ 组员：_____

学号：		姓名：		实训日期：		实训地点：	
学习项目：项目三		任务编号：3-5		任务名称：编制科目汇总表1			
任务要求：编制科目汇总表							

<table>
<tr><td colspan="11" align="center">专业技能评价</td></tr>
<tr><td>指标</td><td>名称</td><td>分值</td><td>评价内容及评分标准</td><td>自评</td><td>自评签字</td><td>互评</td><td>互评签字</td><td>师评</td><td>师评签字</td></tr>
<tr><td rowspan="5">专业技能</td><td>原始凭证填制</td><td>30</td><td>原始凭证填制内容(日期、金额、签名等)完整、正确，每处错误扣____分，每少一张扣____分</td><td></td><td></td><td></td><td></td><td></td><td></td></tr>
<tr><td>记账凭证编制</td><td>30</td><td>记账凭证填制内容(日期、摘要、科目、金额、画线、附件、签名、稽核、符号等)完整、正确，每处错误扣____分，每少一张扣____分</td><td></td><td></td><td></td><td></td><td></td><td></td></tr>
<tr><td>账簿登记</td><td>20</td><td>账簿登记内容(日期、摘要、对方科目、金额、余额、借贷方向等)完整、正确，每处错误扣____分</td><td></td><td></td><td></td><td></td><td></td><td></td></tr>
<tr><td>会计报表编制</td><td>10</td><td>会计报表编制内容(编制单位、时间、签名、钩稽关系、书写等)完整、正确，每处错误扣____分</td><td></td><td></td><td></td><td></td><td></td><td></td></tr>
<tr><td>财务软件处理</td><td>10</td><td>录入或生成的记账凭证正确，凭证审核、记账正确，每处错误扣____分</td><td></td><td></td><td></td><td></td><td></td><td></td></tr>
<tr><td colspan="3">工作成果</td><td colspan="7"></td></tr>
</table>

任务3-5　考核报告单

班级：_____　小组：_____　组员：_____

学号：	姓名：	实训日期：	实训地点：
学习项目：项目三	任务编号：3-5	任务名称：编制科目汇总表1	
考核内容：业务考核、知识点考核、其他考核			总分：
1. 本次任务的重点是什么？			
2. 本次任务的难点是什么？			
3. 本次任务的收获和体会是什么？			
4. 本次任务还有哪些问题没有解决？			
5. 本次任务学习效果如何？为什么？			
6. 本次任务是否利用了网络、多媒体等资源完成？有什么启发？			
7. 本次任务最满意的地方是什么？			
备注：总分90～100为优秀，80～89为良好，60～79为及格，60以下为不及格。			

任务3-6 工作清单

班级：_____ 小组：_____ 组员：_____

学号：		姓名：		实训日期：		实训地点：	
学习项目：项目三		任务编号：3-6		任务名称：收发存货、销售业务核算			
任务要求：填制会计凭证，登记会计账簿							

专业技能评价								
指标	名称	分值	评价内容及评分标准	自评	自评签字	互评	互评签字	师评	师评签字
专业技能	原始凭证填制	30	原始凭证填制内容(日期、金额、签名等)完整、正确，每处错误扣____分，每少一张扣____分						
	记账凭证编制	30	记账凭证填制内容(日期、摘要、科目、金额、画线、附件、签名、稽核、符号等)完整、正确，每处错误扣____分，每少一张扣____分						
	账簿登记	20	账簿登记内容(日期、摘要、对方科目、金额、余额、借贷方向等)完整、正确，每处错误扣____分						
	会计报表编制	10	会计报表编制内容(编制单位、时间、签名、钩稽关系、书写等)完整、正确，每处错误扣____分						
	财务软件处理	10	录入或生成的记账凭证正确，凭证审核、记账正确，每处错误扣____分						
工作成果									

任务3-6　考核报告单

班级：_____　　小组：_____　　组员：_____

学号：	姓名：	实训日期：	实训地点：
学习项目：项目三	任务编号：3-6	任务名称：收发存货、销售业务核算	
考核内容：业务考核、知识点考核、其他考核			总分：

1. 本次任务的重点是什么？

2. 本次任务的难点是什么？

3. 本次任务的收获和体会是什么？

4. 本次任务还有哪些问题没有解决？

5. 本次任务学习效果如何？为什么？

6. 本次任务是否利用了网络、多媒体等资源完成？有什么启发？

7. 本次任务最满意的地方是什么？

备注：总分90～100为优秀，80～89为良好，60～79为及格，60以下为不及格。

任务3-7　工作清单

班级：_____　　小组：_____　　组员：_____

学号：		姓名：		实训日期：		实训地点：				
学习项目：项目三		任务编号：3-7		任务名称：纳税、现金业务核算						
任务要求：填制会计凭证，登记会计账簿										
专业技能评价										
指标	名称	分值	评价内容及评分标准	自评	自评签字	互评	互评签字	师评	师评签字	
专业技能	原始凭证填制	30	原始凭证填制内容(日期、金额、签名等)完整、正确，每处错误扣____分，每少一张扣____分							
	记账凭证编制	30	记账凭证填制内容(日期、摘要、科目、金额、画线、附件、签名、稽核、符号等)完整、正确，每处错误扣____分，每少一张扣____分							
	账簿登记	20	账簿登记内容(日期、摘要、对方科目、金额、余额、借贷方向等)完整、正确，每处错误扣____分							
	会计报表编制	10	会计报表编制内容(编制单位、时间、签名、钩稽关系、书写等)完整、正确，每处错误扣____分							
	财务软件处理	10	录入或生成的记账凭证正确，凭证审核、记账正确，每处错误扣____分							
工作成果										

任务3-7 考核报告单

班级：_____ 小组：_____ 组员：_____

学号：	姓名：	实训日期：	实训地点：
学习项目：项目三	任务编号：3-7	任务名称：纳税、现金业务核算	
考核内容：业务考核、知识点考核、其他考核			总分：

1. 本次任务的重点是什么？

2. 本次任务的难点是什么？

3. 本次任务的收获和体会是什么？

4. 本次任务还有哪些问题没有解决？

5. 本次任务学习效果如何？为什么？

6. 本次任务是否利用了网络、多媒体等资源完成？有什么启发？

7. 本次任务最满意的地方是什么？

备注：总分90～100为优秀，80～89为良好，60～79为及格，60以下为不及格。

任务3-8　工作清单

班级：_____　小组：_____　组员：_____

学号：		姓名：		实训日期：		实训地点：			
学习项目：项目三		任务编号：3-8		任务名称：销售、报销业务核算					
任务要求：填制会计凭证，登记会计账簿									
专业技能评价									
指标	名称	分值	评价内容及评分标准	自评	自评签字	互评	互评签字	师评	师评签字
专业技能	原始凭证填制	30	原始凭证填制内容(日期、金额、签名等)完整、正确，每处错误扣____分，每少一张扣____分						
	记账凭证编制	30	记账凭证填制内容(日期、摘要、科目、金额、画线、附件、签名、稽核、符号等)完整、正确，每处错误扣____分，每少一张扣____分						
	账簿登记	20	账簿登记内容(日期、摘要、对方科目、金额、余额、借贷方向等)完整、正确，每处错误扣____分						
	会计报表编制	10	会计报表编制内容(编制单位、时间、签名、钩稽关系、书写等)完整、正确，每处错误扣____分						
	财务软件处理	10	录入或生成的记账凭证正确，凭证审核、记账正确，每处错误扣____分						
工作成果									

任务3-8　考核报告单

班级：_____　小组：_____　组员：_____

学号：	姓名：	实训日期：	实训地点：
学习项目：项目三	任务编号：3-8	任务名称：销售、报销业务核算	
考核内容：业务考核、知识点考核、其他考核			总分：
1.本次任务的重点是什么？			
2.本次任务的难点是什么？			
3.本次任务的收获和体会是什么？			
4.本次任务还有哪些问题没有解决？			
5.本次任务学习效果如何？为什么？			
6.本次任务是否利用了网络、多媒体等资源完成？有什么启发？			
7.本次任务最满意的地方是什么？			
备注：总分90～100为优秀，80～89为良好，60～79为及格，60以下为不及格。			

任务3-9 工作清单

班级：_____ 小组：_____ 组员：_____

学号：		姓名：		实训日期：			实训地点：	
学习项目：项目三		任务编号：3-9		任务名称：销售、捐赠业务核算				
任务要求：填制会计凭证，登记会计账簿								
专业技能评价								
指标	名称	分值	评价内容及评分标准	自评	自评签字	互评	互评签字	师评	师评签字

指标	名称	分值	评价内容及评分标准	自评	自评签字	互评	互评签字	师评	师评签字
专业技能	原始凭证填制	30	原始凭证填制内容(日期、金额、签名等)完整、正确，每处错误扣____分，每少一张扣____分						
	记账凭证编制	30	记账凭证填制内容(日期、摘要、科目、金额、画线、附件、签名、稽核、符号等)完整、正确，每处错误扣____分，每少一张扣____分						
	账簿登记	20	账簿登记内容(日期、摘要、对方科目、金额、余额、借贷方向等)完整、正确，每处错误扣____分						
	会计报表编制	10	会计报表编制内容(编制单位、时间、签名、钩稽关系、书写等)完整、正确，每处错误扣____分						
	财务软件处理	10	录入或生成的记账凭证正确，凭证审核、记账正确，每处错误扣____分						
工作成果									

任务3-9　考核报告单

班级：_____　小组：_____　组员：_____

学号：	姓名：	实训日期：	实训地点：
学习项目：项目三	任务编号：3-9	任务名称：销售、捐赠业务核算	
考核内容：业务考核、知识点考核、其他考核			总分：
1. 本次任务的重点是什么？			
2. 本次任务的难点是什么？			
3. 本次任务的收获和体会是什么？			
4. 本次任务还有哪些问题没有解决？			
5. 本次任务学习效果如何？为什么？			
6. 本次任务是否利用了网络、多媒体等资源完成？有什么启发？			
7. 本次任务最满意的地方是什么？			
备注：总分90～100为优秀，80～89为良好，60～79为及格，60以下为不及格。			

任务3-10　工作清单

班级：_____　小组：_____　组员：_____

学号：		姓名：		实训日期：		实训地点：	
学习项目：项目三		任务编号：3-10		任务名称：销售、职工福利业务核算			
任务要求：填制会计凭证，登记会计账簿							

专业技能评价

指标	名称	分值	评价内容及评分标准	自评	自评签字	互评	互评签字	师评	师评签字
专业技能	原始凭证填制	30	原始凭证填制内容(日期、金额、签名等)完整、正确，每处错误扣____分，每少一张扣____分						
	记账凭证编制	30	记账凭证填制内容(日期、摘要、科目、金额、画线、附件、签名、稽核、符号等)完整、正确，每处错误扣____分，每少一张扣____分						
	账簿登记	20	账簿登记内容(日期、摘要、对方科目、金额、余额、借贷方向等)完整、正确，每处错误扣____分						
	会计报表编制	10	会计报表编制内容(编制单位、时间、签名、钩稽关系、书写等)完整、正确，每处错误扣____分						
	财务软件处理	10	录入或生成的记账凭证正确，凭证审核、记账正确，每处错误扣____分						
工作成果									

任务3-10 考核报告单

班级：_____ 小组：_____ 组员：_____

学号：	姓名：	实训日期：	实训地点：
学习项目：项目三	任务编号：3-10	任务名称：销售、职工福利业务核算	
考核内容：业务考核、知识点考核、其他考核			总分：
1. 本次任务的重点是什么？			
2. 本次任务的难点是什么？			
3. 本次任务的收获和体会是什么？			
4. 本次任务还有哪些问题没有解决？			
5. 本次任务学习效果如何？为什么？			
6. 本次任务是否利用了网络、多媒体等资源完成？有什么启发？			
7. 本次任务最满意的地方是什么？			
备注：总分90～100为优秀，80～89为良好，60～79为及格，60以下为不及格。			

任务3-11 工作清单

班级：_____ 小组：_____ 组员：_____

学号：		姓名：		实训日期：		实训地点：	
学习项目：项目三		任务编号：3-11		任务名称：编制科目汇总表2			
任务要求：编制科目汇总表							

<table>
<tr><td colspan="8" align="center">专业技能评价</td></tr>
<tr><td>指标</td><td>名称</td><td>分值</td><td>评价内容及评分标准</td><td>自评</td><td>自评签字</td><td>互评</td><td>互评签字</td><td>师评</td><td>师评签字</td></tr>
<tr><td rowspan="5">专业技能</td><td>原始凭证填制</td><td>30</td><td>原始凭证填制内容(日期、金额、签名等)完整、正确，每处错误扣____分，每少一张扣____分</td><td></td><td></td><td></td><td></td><td></td><td></td></tr>
<tr><td>记账凭证编制</td><td>30</td><td>记账凭证填制内容(日期、摘要、科目、金额、画线、附件、签名、稽核、符号等)完整、正确，每处错误扣____分，每少一张扣____分</td><td></td><td></td><td></td><td></td><td></td><td></td></tr>
<tr><td>账簿登记</td><td>20</td><td>账簿登记内容(日期、摘要、对方科目、金额、余额、借贷方向等)完整、正确，每处错误扣____分</td><td></td><td></td><td></td><td></td><td></td><td></td></tr>
<tr><td>会计报表编制</td><td>10</td><td>会计报表编制内容(编制单位、时间、签名、钩稽关系、书写等)完整、正确，每处错误扣____分</td><td></td><td></td><td></td><td></td><td></td><td></td></tr>
<tr><td>财务软件处理</td><td>10</td><td>录入或生成的记账凭证正确，凭证审核、记账正确，每处错误扣____分</td><td></td><td></td><td></td><td></td><td></td><td></td></tr>
<tr><td colspan="2">工作成果</td><td colspan="8"></td></tr>
</table>

任务3-11　考核报告单

班级：_____　　小组：_____　　组员：_____

学号：	姓名：	实训日期：	实训地点：
学习项目：项目三	任务编号：3-11	任务名称：编制科目汇总表2	
考核内容：业务考核、知识点考核、其他考核			总分：
1. 本次任务的重点是什么？			
2. 本次任务的难点是什么？			
3. 本次任务的收获和体会是什么？			
4. 本次任务还有哪些问题没有解决？			
5. 本次任务学习效果如何？为什么？			
6. 本次任务是否利用了网络、多媒体等资源完成？有什么启发？			
7. 本次任务最满意的地方是什么？			
备注：总分90～100为优秀，80～89为良好，60～79为及格，60以下为不及格。			

任务4-1　工作清单

班级：_____　小组：_____　组员：_____

学号：		姓名：		实训日期：		实训地点：			
学习项目：项目四		任务编号：4-1		任务名称：水电费业务核算					
任务要求：填制会计凭证，登记会计账簿									
专业技能评价									
指标	名称	分值	评价内容及评分标准	自评	自评签字	互评	互评签字	师评	师评签字
专业技能	原始凭证填制	30	原始凭证填制内容(日期、金额、签名等)完整、正确，每处错误扣____分，每少一张扣____分						
	记账凭证编制	30	记账凭证填制内容(日期、摘要、科目、金额、画线、附件、签名、稽核、符号等)完整、正确，每处错误扣____分，每少一张扣____分						
	账簿登记	20	账簿登记内容(日期、摘要、对方科目、金额、余额、借贷方向等)完整、正确，每处错误扣____分						
	会计报表编制	10	会计报表编制内容(编制单位、时间、签名、钩稽关系、书写等)完整、正确，每处错误扣____分						
	财务软件处理	10	录入或生成的记账凭证正确，凭证审核、记账正确，每处错误扣____分						
工作成果									

任务4-1　考核报告单

班级：_____　小组：_____　组员：_____

学号：	姓名：	实训日期：	实训地点：
学习项目：项目四	任务编号：4-1	任务名称：水电费业务核算	
考核内容：业务考核、知识点考核、其他考核			总分：
1. 本次任务的重点是什么？			
2. 本次任务的难点是什么？			
3. 本次任务的收获和体会是什么？			
4. 本次任务还有哪些问题没有解决？			
5. 本次任务学习效果如何？为什么？			
6. 本次任务是否利用了网络、多媒体等资源完成？有什么启发？			
7. 本次任务最满意的地方是什么？			
备注：总分90～100为优秀，80～89为良好，60～79为及格，60以下为不及格。			

任务4-2 工作清单

班级：_____ 小组：_____ 组员：_____

学号：	姓名：	实训日期：	实训地点：
学习项目：项目四	任务编号：4-2	任务名称：职工薪酬业务核算	
任务要求：填制会计凭证，登记会计账簿			

专业技能评价

指标	名称	分值	评价内容及评分标准	自评	自评签字	互评	互评签字	师评	师评签字
专业技能	原始凭证填制	30	原始凭证填制内容(日期、金额、签名等)完整、正确，每处错误扣____分，每少一张扣____分						
	记账凭证编制	30	记账凭证填制内容(日期、摘要、科目、金额、画线、附件、签名、稽核、符号等)完整、正确，每处错误扣____分，每少一张扣____分						
	账簿登记	20	账簿登记内容(日期、摘要、对方科目、金额、余额、借贷方向等)完整、正确，每处错误扣____分						
	会计报表编制	10	会计报表编制内容(编制单位、时间、签名、钩稽关系、书写等)完整、正确，每处错误扣____分						
	财务软件处理	10	录入或生成的记账凭证正确，凭证审核、记账正确，每处错误扣____分						
工作成果									

任务4-2　考核报告单

班级：_____　　小组：_____　　组员：_____

学号：	姓名：	实训日期：	实训地点：
学习项目：项目四	任务编号：4-2	任务名称：职工薪酬业务核算	
考核内容：业务考核、知识点考核、其他考核			总分：
1. 本次任务的重点是什么？			
2. 本次任务的难点是什么？			
3. 本次任务的收获和体会是什么？			
4. 本次任务还有哪些问题没有解决？			
5. 本次任务学习效果如何？为什么？			
6. 本次任务是否利用了网络、多媒体等资源完成？有什么启发？			
7. 本次任务最满意的地方是什么？			
备注：总分90～100为优秀，80～89为良好，60～79为及格，60以下为不及格。			

任务4-3 工作清单

班级：_____ 小组：_____ 组员：_____

学号：	姓名：	实训日期：	实训地点：
学习项目：项目四	任务编号：4-3	任务名称：分配辅助生产费用和分配制造费用业务核算	
任务要求：填制会计凭证，登记会计账簿			

<table>
<tr><td colspan="11" align="center">专业技能评价</td></tr>
<tr><td>指标</td><td>名称</td><td>分值</td><td>评价内容及评分标准</td><td>自评</td><td>自评签字</td><td>互评</td><td>互评签字</td><td>师评</td><td>师评签字</td></tr>
<tr><td rowspan="5">专业技能</td><td>原始凭证填制</td><td>30</td><td>原始凭证填制内容(日期、金额、签名等)完整、正确，每处错误扣____分，每少一张扣____分</td><td></td><td></td><td></td><td></td><td></td><td></td></tr>
<tr><td>记账凭证编制</td><td>30</td><td>记账凭证填制内容(日期、摘要、科目、金额、画线、附件、签名、稽核、符号等)完整、正确，每处错误扣____分，每少一张扣____分</td><td></td><td></td><td></td><td></td><td></td><td></td></tr>
<tr><td>账簿登记</td><td>20</td><td>账簿登记内容(日期、摘要、对方科目、金额、余额、借贷方向等)完整、正确，每处错误扣____分</td><td></td><td></td><td></td><td></td><td></td><td></td></tr>
<tr><td>会计报表编制</td><td>10</td><td>会计报表编制内容(编制单位、时间、签名、钩稽关系、书写等)完整、正确，每处错误扣____分</td><td></td><td></td><td></td><td></td><td></td><td></td></tr>
<tr><td>财务软件处理</td><td>10</td><td>录入或生成的记账凭证正确，凭证审核、记账正确，每处错误扣____分</td><td></td><td></td><td></td><td></td><td></td><td></td></tr>
<tr><td colspan="2">工作成果</td><td colspan="8"></td></tr>
</table>

任务4-3　考核报告单

班级：_____　小组：_____　组员：_____

学号：	姓名：	实训日期：	实训地点：
学习项目：项目四	任务编号：4-3	任务名称：分配辅助生产费用和分配制造费用业务核算	
考核内容：业务考核、知识点考核、其他考核			总分：

1. 本次任务的重点是什么？

2. 本次任务的难点是什么？

3. 本次任务的收获和体会是什么？

4. 本次任务还有哪些问题没有解决？

5. 本次任务学习效果如何？为什么？

6. 本次任务是否利用了网络、多媒体等资源完成？有什么启发？

7. 本次任务最满意的地方是什么？

备注：总分90～100为优秀，80～89为良好，60～79为及格，60以下为不及格。

任务4-4 工作清单

班级：_____ 小组：_____ 组员：_____

学号：	姓名：	实训日期：	实训地点：
学习项目：项目四	任务编号：4-4	任务名称：计算与结转产品成本	
任务要求：填制会计凭证，登记会计账簿			

<table>
<tr><th colspan="9">专业技能评价</th></tr>
<tr><th>指标</th><th>名称</th><th>分值</th><th>评价内容及评分标准</th><th>自评</th><th>自评签字</th><th>互评</th><th>互评签字</th><th>师评</th><th>师评签字</th></tr>
<tr><td rowspan="5">专业技能</td><td>原始凭证填制</td><td>30</td><td>原始凭证填制内容(日期、金额、签名等)完整、正确，每处错误扣____分，每少一张扣____分</td><td></td><td></td><td></td><td></td><td></td><td></td></tr>
<tr><td>记账凭证编制</td><td>30</td><td>记账凭证填制内容(日期、摘要、科目、金额、画线、附件、签名、稽核、符号等)完整、正确，每处错误扣____分，每少一张扣____分</td><td></td><td></td><td></td><td></td><td></td><td></td></tr>
<tr><td>账簿登记</td><td>20</td><td>账簿登记内容(日期、摘要、对方科目、金额、余额、借贷方向等)完整、正确，每处错误扣____分</td><td></td><td></td><td></td><td></td><td></td><td></td></tr>
<tr><td>会计报表编制</td><td>10</td><td>会计报表编制内容(编制单位、时间、签名、钩稽关系、书写等)完整、正确，每处错误扣____分</td><td></td><td></td><td></td><td></td><td></td><td></td></tr>
<tr><td>财务软件处理</td><td>10</td><td>录入或生成的记账凭证正确，凭证审核、记账正确，每处错误扣____分</td><td></td><td></td><td></td><td></td><td></td><td></td></tr>
<tr><td colspan="2">工作成果</td><td colspan="8"></td></tr>
</table>

任务4-4 考核报告单

班级：_____ 小组：_____ 组员：_____

学号：	姓名：	实训日期：	实训地点：
学习项目：项目四	任务编号：4-4	任务名称：计算与结转产品成本	
考核内容：业务考核、知识点考核、其他考核			总分：

1. 本次任务的重点是什么？

2. 本次任务的难点是什么？

3. 本次任务的收获和体会是什么？

4. 本次任务还有哪些问题没有解决？

5. 本次任务学习效果如何？为什么？

6. 本次任务是否利用了网络、多媒体等资源完成？有什么启发？

7. 本次任务最满意的地方是什么？

备注：总分90~100为优秀，80~89为良好，60~79为及格，60以下为不及格。

任务5-1 工作清单

班级：_____ 小组：_____ 组员：_____

学号：	姓名：	实训日期：	实训地点：
学习项目：项目五	任务编号：5-1	任务名称：期末账项调整	

任务要求：填制会计凭证，登记会计账簿

专业技能评价							
指标	名称	分值	评价内容及评分标准	自评	自评签字	互评	互评签字	师评	师评签字
专业技能	原始凭证填制	30	原始凭证填制内容(日期、金额、签名等)完整、正确，每处错误扣____分，每少一张扣____分						
	记账凭证编制	30	记账凭证填制内容(日期、摘要、科目、金额、画线、附件、签名、稽核、符号等)完整、正确，每处错误扣____分，每少一张扣____分						
	账簿登记	20	账簿登记内容(日期、摘要、对方科目、金额、余额、借贷方向等)完整、正确，每处错误扣____分						
	会计报表编制	10	会计报表编制内容(编制单位、时间、签名、钩稽关系、书写等)完整、正确，每处错误扣____分						
	财务软件处理	10	录入或生成的记账凭证正确，凭证审核、记账正确，每处错误扣____分						
工作成果									

任务5-1 考核报告单

班级：_____ 小组：_____ 组员：_____

学号：	姓名：	实训日期：	实训地点：
学习项目：项目五	任务编号：5-1	任务名称：期末账项调整	
考核内容：业务考核、知识点考核、其他考核			总分：
1. 本次任务的重点是什么？			
2. 本次任务的难点是什么？			
3. 本次任务的收获和体会是什么？			
4. 本次任务还有哪些问题没有解决？			
5. 本次任务学习效果如何？为什么？			
6. 本次任务是否利用了网络、多媒体等资源完成？有什么启发？			
7. 本次任务最满意的地方是什么？			
备注：总分90～100为优秀，80～89为良好，60～79为及格，60以下为不及格。			

任务5-2 工作清单

班级：_____ 小组：_____ 组员：_____

学号：		姓名：		实训日期：		实训地点：	
学习项目：项目五		任务编号：5-2		任务名称：结转损益和所得税			
任务要求：填制会计凭证，登记会计账簿							

			专业技能评价					
指标	名称	分值	评价内容及评分标准	自评	自评签字	互评	互评签字	师评	师评签字
专业技能	原始凭证填制	30	原始凭证填制内容(日期、金额、签名等)完整、正确，每处错误扣____分，每少一张扣____分						
	记账凭证编制	30	记账凭证填制内容(日期、摘要、科目、金额、画线、附件、签名、稽核、符号等)完整、正确，每处错误扣____分，每少一张扣____分						
	账簿登记	20	账簿登记内容(日期、摘要、对方科目、金额、余额、借贷方向等)完整、正确，每处错误扣____分						
	会计报表编制	10	会计报表编制内容(编制单位、时间、签名、钩稽关系、书写等)完整、正确，每处错误扣____分						
	财务软件处理	10	录入或生成的记账凭证正确，凭证审核、记账正确，每处错误扣____分						
工作成果									

任务5-2　考核报告单

班级：_____　小组：_____　组员：_____

学号：	姓名：	实训日期：	实训地点：
学习项目：项目五	任务编号：5-2	任务名称：结转损益和所得税	
考核内容：业务考核、知识点考核、其他考核			总分：
1.本次任务的重点是什么？			
2.本次任务的难点是什么？			
3.本次任务的收获和体会是什么？			
4.本次任务还有哪些问题没有解决？			
5.本次任务学习效果如何？为什么？			
6.本次任务是否利用了网络、多媒体等资源完成？有什么启发？			
7.本次任务最满意的地方是什么？			
备注：总分90～100为优秀，80～89为良好，60～79为及格，60以下为不及格。			

任务5-3 工作清单

班级：_____ 小组：_____ 组员：_____

学号：	姓名：	实训日期：	实训地点：
学习项目：项目五	任务编号：5-3	任务名称：分配财务成果	
任务要求：填制会计凭证，登记会计账簿			

<table>
<tr><th colspan="11">专业技能评价</th></tr>
<tr><th>指标</th><th>名称</th><th>分值</th><th>评价内容及评分标准</th><th>自评</th><th>自评签字</th><th>互评</th><th>互评签字</th><th>师评</th><th>师评签字</th></tr>
<tr><td rowspan="5">专业技能</td><td>原始凭证填制</td><td>30</td><td>原始凭证填制内容(日期、金额、签名等)完整、正确，每处错误扣____分，每少一张扣____分</td><td></td><td></td><td></td><td></td><td></td><td></td></tr>
<tr><td>记账凭证编制</td><td>30</td><td>记账凭证填制内容(日期、摘要、科目、金额、画线、附件、签名、稽核、符号等)完整、正确，每处错误扣____分，每少一张扣____分</td><td></td><td></td><td></td><td></td><td></td><td></td></tr>
<tr><td>账簿登记</td><td>20</td><td>账簿登记内容(日期、摘要、对方科目、金额、余额、借贷方向等)完整、正确，每处错误扣____分</td><td></td><td></td><td></td><td></td><td></td><td></td></tr>
<tr><td>会计报表编制</td><td>10</td><td>会计报表编制内容(编制单位、时间、签名、钩稽关系、书写等)完整、正确，每处错误扣____分</td><td></td><td></td><td></td><td></td><td></td><td></td></tr>
<tr><td>财务软件处理</td><td>10</td><td>录入或生成的记账凭证正确，凭证审核、记账正确，每处错误扣____分</td><td></td><td></td><td></td><td></td><td></td><td></td></tr>
<tr><td>工作成果</td><td colspan="10"></td></tr>
</table>

任务5-3　考核报告单

班级：_____　小组：_____　组员：_____

学号：	姓名：	实训日期：	实训地点：
学习项目：项目五	任务编号：5-3	任务名称：分配财务成果	
考核内容：业务考核、知识点考核、其他考核			总分：

1. 本次任务的重点是什么？

2. 本次任务的难点是什么？

3. 本次任务的收获和体会是什么？

4. 本次任务还有哪些问题没有解决？

5. 本次任务学习效果如何？为什么？

6. 本次任务是否利用了网络、多媒体等资源完成？有什么启发？

7. 本次任务最满意的地方是什么？

备注：总分90～100为优秀，80～89为良好，60～79为及格，60以下为不及格。

任务6-1 工作清单

班级：_____ 小组：_____ 组员：_____

学号：		姓名：		实训日期：		实训地点：	
学习项目：项目六		任务编号：6-1		任务名称：期末对账、结账			
任务要求：编制科目汇总表、试算平衡表，登记会计账簿							

专业技能评价

指标	名称	分值	评价内容及评分标准	自评	自评签字	互评	互评签字	师评	师评签字
专业技能	原始凭证填制	30	原始凭证填制内容(日期、金额、签名等)完整、正确，每处错误扣____分，每少一张扣____分						
	记账凭证编制	30	记账凭证填制内容(日期、摘要、科目、金额、画线、附件、签名、稽核、符号等)完整、正确，每处错误扣____分，每少一张扣____分						
	账簿登记	20	账簿登记内容(日期、摘要、对方科目、金额、余额、借贷方向等)完整、正确，每处错误扣____分						
	会计报表编制	10	会计报表编制内容(编制单位、时间、签名、钩稽关系、书写等)完整、正确，每处错误扣____分						
	财务软件处理	10	录入或生成的记账凭证正确，凭证审核、记账正确，每处错误扣____分						
工作成果									

任务6-1　考核报告单

班级：_____　小组：_____　组员：_____

学号：	姓名：	实训日期：	实训地点：
学习项目：项目六	任务编号：6-1	任务名称：期末对账、结账	
考核内容：业务考核、知识点考核、其他考核			总分：
1. 本次任务的重点是什么？			
2. 本次任务的难点是什么？			
3. 本次任务的收获和体会是什么？			
4. 本次任务还有哪些问题没有解决？			
5. 本次任务学习效果如何？为什么？			
6. 本次任务是否利用了网络、多媒体等资源完成？有什么启发？			
7. 本次任务最满意的地方是什么？			
备注：总分90～100为优秀，80～89为良好，60～79为及格，60以下为不及格。			

任务6-2 工作清单

班级：_____ 小组：_____ 组员：_____

学号：	姓名：	实训日期：	实训地点：

学习项目：项目六	任务编号：6-2	任务名称：编制资产负债表和利润表

任务要求：编制会计报表

<table>
<tr><td colspan="10" align="center">专业技能评价</td></tr>
<tr><td>指标</td><td>名称</td><td>分值</td><td>评价内容及评分标准</td><td>自评</td><td>自评签字</td><td>互评</td><td>互评签字</td><td>师评</td><td>师评签字</td></tr>
<tr><td rowspan="5">专业技能</td><td>原始凭证填制</td><td>30</td><td>原始凭证填制内容(日期、金额、签名等)完整、正确，每处错误扣____分，每少一张扣____分</td><td></td><td></td><td></td><td></td><td></td><td></td></tr>
<tr><td>记账凭证编制</td><td>30</td><td>记账凭证填制内容(日期、摘要、科目、金额、画线、附件、签名、稽核、符号等)完整、正确，每处错误扣____分，每少一张扣____分</td><td></td><td></td><td></td><td></td><td></td><td></td></tr>
<tr><td>账簿登记</td><td>20</td><td>账簿登记内容(日期、摘要、对方科目、金额、余额、借贷方向等)完整、正确，每处错误扣____分</td><td></td><td></td><td></td><td></td><td></td><td></td></tr>
<tr><td>会计报表编制</td><td>10</td><td>会计报表编制内容(编制单位、时间、签名、钩稽关系、书写等)完整、正确，每处错误扣____分</td><td></td><td></td><td></td><td></td><td></td><td></td></tr>
<tr><td>财务软件处理</td><td>10</td><td>录入或生成的记账凭证正确，凭证审核、记账正确，每处错误扣____分</td><td></td><td></td><td></td><td></td><td></td><td></td></tr>
<tr><td>工作成果</td><td colspan="9"></td></tr>
</table>

任务6-2　考核报告单

班级：_____　　小组：_____　　组员：_____

学号：	姓名：	实训日期：	实训地点：
学习项目：项目六	任务编号：6-2	任务名称：编制资产负债表和利润表	
考核内容：业务考核、知识点考核、其他考核			总分：
1. 本次任务的重点是什么？			
2. 本次任务的难点是什么？			
3. 本次任务的收获和体会是什么？			
4. 本次任务还有哪些问题没有解决？			
5. 本次任务学习效果如何？为什么？			
6. 本次任务是否利用了网络、多媒体等资源完成？有什么启发？			
7. 本次任务最满意的地方是什么？			
备注：总分90～100为优秀，80～89为良好，60～79为及格，60以下为不及格。			

任务6-3 工作清单

班级：_____ 小组：_____ 组员：_____

学号：			姓名：		实训日期：		实训地点：	
学习项目：项目六			任务编号：6-3		任务名称：纳税申报			
任务要求：编制纳税申报表								
专业技能评价									
指标	名称	分值	评价内容及评分标准	自评	自评签字	互评	互评签字	师评	师评签字
专业技能	原始凭证填制	30	原始凭证填制内容(日期、金额、签名等)完整、正确，每处错误扣____分，每少一张扣____分						
	记账凭证编制	30	记账凭证填制内容(日期、摘要、科目、金额、画线、附件、签名、稽核、符号等)完整、正确，每处错误扣____分，每少一张扣____分						
	账簿登记	20	账簿登记内容(日期、摘要、对方科目、金额、余额、借贷方向等)完整、正确，每处错误扣____分						
	会计报表编制	10	会计报表编制内容(编制单位、时间、签名、钩稽关系、书写等)完整、正确，每处错误扣____分						
	财务软件处理	10	录入或生成的记账凭证正确，凭证审核、记账正确，每处错误扣____分						
工作成果									

任务6-3　考核报告单

班级：_____　　小组：_____　　组员：_____

学号：	姓名：	实训日期：	实训地点：
学习项目：项目六	任务编号：6-3	任务名称：纳税申报	
考核内容：业务考核、知识点考核、其他考核			总分：
1. 本次任务的重点是什么？			
2. 本次任务的难点是什么？			
3. 本次任务的收获和体会是什么？			
4. 本次任务还有哪些问题没有解决？			
5. 本次任务学习效果如何？为什么？			
6. 本次任务是否利用了网络、多媒体等资源完成？有什么启发？			
7. 本次任务最满意的地方是什么？			
备注：总分90～100为优秀，80～89为良好，60～79为及格，60以下为不及格。			

项目任务单 125

任务6-4 工作清单

班级：_____ 小组：_____ 组员：_____

学号：		姓名：		实训日期：		实训地点：			
学习项目：项目六		任务编号：6-4		任务名称：财务分析					
任务要求：进行财务分析									
专业技能评价									
指标	名称	分值	评价内容及评分标准	自评	自评签字	互评	互评签字	师评	师评签字
专业技能	原始凭证填制	30	原始凭证填制内容(日期、金额、签名等)完整、正确，每处错误扣____分，每少一张扣____分						
	记账凭证编制	30	记账凭证填制内容(日期、摘要、科目、金额、画线、附件、签名、稽核、符号等)完整、正确，每处错误扣____分，每少一张扣____分						
	账簿登记	20	账簿登记内容(日期、摘要、对方科目、金额、余额、借贷方向等)完整、正确，每处错误扣____分						
	会计报表编制	10	会计报表编制内容(编制单位、时间、签名、钩稽关系、书写等)完整、正确，每处错误扣____分						
	财务软件处理	10	录入或生成的记账凭证正确，凭证审核、记账正确，每处错误扣____分						
工作成果									

任务6-4　考核报告单

班级：_____　　小组：_____　　组员：_____

学号：	姓名：	实训日期：	实训地点：
学习项目：项目六	任务编号：6-4	任务名称：财务分析	
考核内容：业务考核、知识点考核、其他考核			总分：

1. 本次任务的重点是什么？

2. 本次任务的难点是什么？

3. 本次任务的收获和体会是什么？

4. 本次任务还有哪些问题没有解决？

5. 本次任务学习效果如何？为什么？

6. 本次任务是否利用了网络、多媒体等资源完成？有什么启发？

7. 本次任务最满意的地方是什么？

备注：总分90~100为优秀，80~89为良好，60~79为及格，60以下为不及格。

附 录 | 会计业务原始单据

业务1-1

销售发票通知单

2022年12月1日 №1201

购货单位	名称	长兴建筑公司		纳税人登记号						2100314532979							
	地址、电话	沈阳市开发区六号街75号 31668341		开户银行及账号						中行开发区支行 32064820928							
货物或应税劳务名称	计量单位	数量	单价	金额							税率(%)	税额					
				十万	万	千	百	十	元	角 分		十万	万	千	百	十	元 角 分
复合板	吨	20	5 150		1	0	3	0	0	0 0	13		1	3	3	9	0 0
合计					1	0	3	0	0	0 0			1	3	3	9	0 0
价税合计(大写)		壹拾壹万陆仟叁佰玖拾零元零角零分									¥：116 390.00						
合同号	XS12001		销货人员		张玲			会计									
销售产品发货单号	FH1201		销售主管		邵春风			制单			张玲						
备注																	

注：本单据不做原始凭证。

业务1-2

出 库 单

购货单位： 年 月 日 编号：F1201

产品编号	产品名称	规格型号	单位	数量	备注
					售价5 150元/吨，下同
		合计			

主管：邵春风 保管员：钱胜利 提货人：赵峰烟 会计：

业务1-3

辽宁增值税专用发票 No 02312201
记账联

开票日期：

购货单位	名　　称：		密码区	略
	纳税人识别号：			
	地　址、电话：			
	开户行及账号：			

货物或应税劳务名称	规格型号	单位	数量	单价	金额	税率	税额
合计							

价税合计(大写)		(小写)

销售单位	名　　称：	永兴顺钢构有限公司	备注	（发票专用章）
	纳税人识别号：	2100200602193721		
	地　址、电话：	沈阳市于洪区天山路188号　88508299		
	开户行及账号：	建行于洪支行　200308659940		

收款人：　　　复核：　　　开票人：孙中华　　　销货单位：(章)

第一联　记账联销货方记账凭证

业务1-4

中国建设银行进账单(收账通知)　3

年　月　日

出票人	全称		收款人	全称	
	账号			账号	
	开户银行			开户银行	

金额	人民币(大写)		亿	千	百	十	万	千	百	十	元	角	分

票据种类		票据张数	
票据号码			

收款人开户银行盖章
年　月　日

复核　　　记账

此联是收款人开户银行交给收款人的收账通知

附录 会计业务原始单据 131

业务1-5

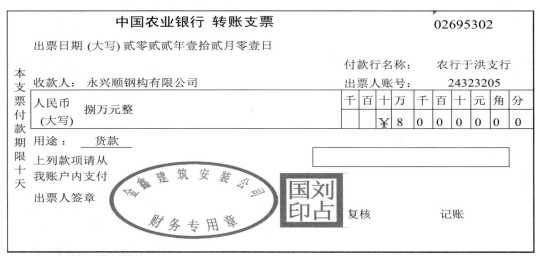

注：本单据不做原始凭证。

业务1-6

附加信息：	被背书人	被背书人	
			贴粘单处
	背书人签章 年　月　日	背书人签章 年　月　日	

业务2-1

中国农业银行 转账支票　　　　　02695302

出票日期(大写) 贰零贰贰年壹拾贰月零壹日

付款行名称： 农行于洪支行
出票人账号： 24323205

收款人：永兴顺钢构有限公司

人民币(大写)　捌万元整　　　　￥800000 00

用途：货款

上列款项请从我账户内支付

出票人签章

复核　　记账

注：本单据不做原始凭证。

附录 会计业务原始单据 133

业务2-2

附加信息：	被背书人 背书人签章 年　月　日	被背书人 背书人签章 年　月　日	贴粘单处

业务2-3

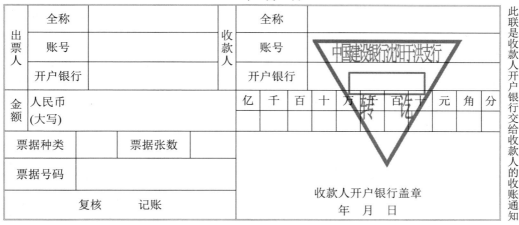

业务3-1

辽宁增值税专用发票
发票联

No 012546024

开票日期：2022 年 12 月 1 日

购货单位	名　　称：	永兴顺钢构有限公司	密码区	略	第三联 发票联 购货方记账凭证
	纳税人识别号：	2100200602193721			
	地址、电话：	沈阳市于洪区天山路188号　88508299			
	开户行及账号：	建行于洪支行　200308659940			

货物或应税劳务名称	规格型号	单位	数量	单价	金额	税率	税额
钢板	4mm	吨	10	3 100.00	31 000.00	13%	4 030.00
合计					¥31 000.00		¥4 030.00
价税合计(大写)	⊗叁万伍仟零叁拾圆整				(小写) ¥35 030.00		

销售单位	名　　称：	东鑫钢材经销有限公司	备注	（发票专用章）
	纳税人识别号：	21010436713489		
	地址、电话：	沈阳市于洪区鸭绿江街95号　24313409		
	开户行及账号：	工行北塔分理处　21008701230		

收款人： 　　复核： 　　开票人：赵岩 　　销货单位：(章)

业务3-2

材料入库单

年　月　日

名称	规格	单位	数量		实际成本				合计
			应收	实收	买价		运杂费	其他	
					单价	金额			
	合计								

主管：张天宝　　　　检验员：窦若溪　　　　保管员：钱胜利　　　　会计：

业务3-3

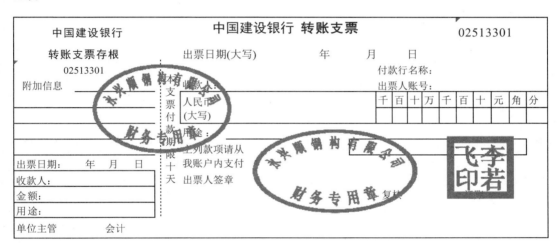

业务3-4

货物运输业增值税专用发票

发票联

№ 23011030

开票日期：2022年12月1日

承运人	千里行物流有限责任公司	密码区	略	
实际受票方	永兴顺钢构有限公司			
收货人	永兴顺钢构有限公司	发货人	永兴顺钢构有限公司	
起运地、经由、到达地		沈阳市—沈阳市		
费用项目及金额	费用项目	金额	运输货物信息	钢板
	运输费用	1 400.00		
合计金额	¥1 400.00	税率	9%	税额	¥126.00
价税合计(大写)	×壹仟伍佰贰拾陆圆整	(小写)¥1 526.00		
主管税务机关	沈阳市税务局	备注		
收款人：刘冰	复核人：赵瑞松	开票人：孙晓宁	承运人：(章)	

业务4-1

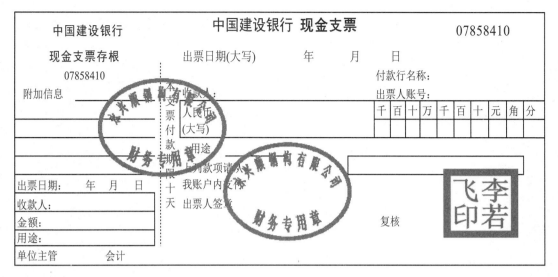

业务4-2

附加信息:	
	收款人签章 年 月 日
身份证件名称:	发证机关:
号码	

业务5-1

销售发票通知单

№ 1202

2022年12月2日

购货单位	名称	沈阳龙达路桥公司	纳税人登记号	2100314538320
	地址、电话	沈阳市浑南区天鹅街100号 67893215	开户银行及账号	中行浑南支行 32064824528

货物或应税劳务名称	计量单位	数量	单价	金额 十万千百十元角分	税率(%)	税额 万千百十元角分
复合板	吨	2	5 150	1 0 3 0 0 0 0	13	1 3 3 9 0 0
合计				1 0 3 0 0 0 0		1 3 3 9 0 0
价税合计(大写)	⊗拾壹万壹仟陆佰叁拾玖元零角零分				¥： 11 639.00	
合同号	XS12002	销货人员	张玲	会计		
销售产品发货单号	FH1202	销售主管	邵春风	制单	张玲	
备注						

注：本单据不做原始凭证。

附录　会计业务原始单据　139

业务5-2

辽宁增值税专用发票　№ 02312201
记账联

开票日期：

购货单位	名　　称：		密码区	略	第一联　记账联　销货方记账凭证
	纳税人识别号：				
	地址、电话：				
	开户行及账号：				

货物或应税劳务名称	规格型号	单位	数量	单价	金额	税率	税额
合计							

价税合计（大写）		（小写）

销售单位	名　　称：	永兴顺钢构有限公司	备注	（永兴顺钢构有限公司 2100200602193721 发票专用章）
	纳税人识别号：	2100200602193721		
	地址、电话：	沈阳市于洪区天山路188号　88508299		
	开户行及账号：	建行于洪支行　200308659940		

收款人：　　　　复核：　　　　开票人：孙中华　　　　销货单位：（章）

业务5-3

出　库　单

购货单位：　　　　　　　　　年　月　日　　　　　　　　编号：F1202

产品编号	产品名称	规格型号	单位	数量	备注
合计					

主管：邵春风　　　保管员：钱胜利　　　提货人：赵龙　　　会计：

业务6

借　款　单

年　月　日

借款部门		借款人	
借款金额	人民币 （大写）		¥_____
借款用途			
单位负责人		部门负责人	
财务负责人		出纳	

业务7

中国建设银行　借款借据(收账通知) ④　№ 0145010

2022年12月3日

借款人	永兴顺钢构有限公司	利率	4.75%	放款账号	245087679889
				结算账号	200308659940

借款金额(大写)	陆拾万元整	千	百	十	万	千	百	十	元	角	分
		¥	6	0	0	0	0	0	0	0	0

用途	购买加工设备	约定还款日期	2024年12月3日

上列借款已核准发放，并已转入账户。
　　此致
　　　　单位

（中国建设银行沈阳于洪支行 银行签章 年 月 日）

注：借款期限2年。

业务8-1

费用报销审批单

部门：采购部　　　　　　2022年12月4日

经手人	范明辉	事项	购买设备
项目		金额	付款方式	备注
彩板成型机		565 000.00	银行承兑汇票	
合计		565 000.00		
公司领导	部门领导	财务主管	出纳	经手人
李若飞	张天宝			范明辉

业务8-2

银行承兑汇票(存　根)　　3

出票日期　　　年　　月　　日　　　汇票号码：002231
(大写)

付款人	全称		收款人	全称											此联出票人存查
	账号			账号											
	开户银行			开户银行											
出票金额	人民币(大写)				亿	千	百	十	万	千	百	十	元	角	分	
汇票到期日(大写)			付款人开户行	行号												
承兑协议编号				地址												
			备注：													

业务8-3

银行承兑汇票协议　　1

编号：<u>0302145</u>

银行承兑汇票的内容：
出票人全称：<u>永兴顺钢构有限公司</u>　　收款人全称：<u>沈阳东鹏机械(集团)公司</u>
开户银行：<u>建行于洪支行</u>　　　　　　开户银行：<u>中行开发区支行</u>
账号：<u>200308659940</u>　　　　　　　账号：<u>5006842098751</u>
汇票号码：<u>002231</u>　　　　　　　　汇票金额(大写)：<u>伍拾陆万伍仟元整</u>
出票日期：<u>2022年12月4日</u>　　　　到期日期：<u>2023年6月4日(有效期6个月)</u>

以上汇票经银行承兑，出票人愿遵守《支付结算办法》的规定及下列条款。

　　一、出票人于汇款到期日前将应付票款足额交存承兑银行。
　　二、承兑手续费按票面金额千分之(0.5)计算，在银行承兑时一次付清。
　　三、出票人与持票人如发生任何交易纠纷，均由其双方自行处理，票款于到期前仍按第一条办理不误。
　　四、承兑汇票到期日，承兑银行凭票无条件支付票款。如到期日之前出票人不能足额交付票款时，承兑银行对不足支付部分的票款转作出票人逾期贷款，并按照有关规定计收罚息。
　　五、承兑汇票款结清后，本协议自动失效。

承兑银行签章　　　出票人签章

2022年12月4日

业务8-4

货物运输业增值税专用发票
发票联

№ 23011034

开票日期：2022年12月5日

承运人	千里行物流有限责任公司	密码区	略
实际受票方	永兴顺钢构有限公司		
收货人	永兴顺钢构有限公司	发货人	永兴顺钢构有限公司
起运地、经由、到达地		沈阳市—沈阳市	
费用项目	费用项目	金额	运输货物信息	机器设备
及金额	运输费用	10 000.00		
合计金额	¥10 000.00	税率 9%	税额	¥900.00
价税合计(大写)	⊗壹万零玖佰圆整	(小写)¥10 900.00		
主管税务机关	沈阳市税务局	备注		

收款人：刘冰　　复核人：赵瑞松　　开票人：孙晓宁　　承运人：(章)

业务8-5

辽宁增值税专用发票
发票联

№ 02105642

开票日期：2022年12月5日

购货单位	名　称：	永兴顺钢构有限公司	密码区	略	第三联 发票联购货方记账凭证
	纳税人识别号：	2100200602193721			
	地址、电话：	沈阳市于洪区天山路188号　88508299			
	开户行及账号：	建行于洪支行　200308659940			
货物或应税劳务名称	规格型号	单位	数量	单价	金额	税率	税额
彩板成型机	YX51	台	1	500 000.00	500 000.00	13%	65 000.00
合计					¥500 000.00		¥65 000.00
价税合计(大写)	⊗伍拾陆万伍仟圆整				(小写)¥565 000.00		
销售单位	名　称：	沈阳东鹏机械(集团)公司	备注		
	纳税人识别号：	210100498458921			
	地址、电话：	沈阳市铁西新区二号街78号　88754000			
	开户行及账号：	中行开发区支行　5006842098751			

收款人：　　复核：　　开票人：钱小南　　销货单位：(章)

业务8-6

固定资产验收单

2022年12月5日

名称	单位	数量	价格	预计使用年限	使用部门
彩板成型机	台	1		10	加工车间
备注	需安装、验收后投入使用				

单位主管：杜雨霏　　检验：窦若溪　　经办人：范明辉

业务8-7

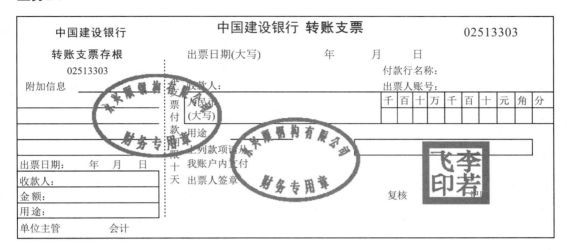

业务8-8

中国建设银行收费凭证

2022 年 12 月 4 日

户名	永兴顺钢构有限公司	开户银行	建行于洪支行						
账号	200308659940	收费种类							
1. 客户购买凭证时在"收费种类"栏填写所购凭证名称。 2. 客户在办理结算业务时，在"收费种类"栏分别填写手续费或邮电费，在"凭证种类"栏填写办理的方式。	凭证种类	单价	数量	金额					
				万	千	百	十	元	角	分
	手续费					2	8	2	5	0
	人民币 (大写)	贰佰捌拾贰元伍角整		¥		2	8	2	5	0

复核：　　　　　　　　　　　　　　　记账：

业务9-1

费用报销审批单

部门：采购部　　　　　　　　　　　　2022年12月6日

经手人	范明辉	事项	设备安装费	
项目		金额	付款方式	备注
彩板成型机安装费		5 300.00	转账支票	
合计		5 300.00		
公司领导	部门领导	财务主管	出纳	经手人
李若飞	张天宝			范明辉

业务9-2

辽宁增值税普通发票
№ 06433004

发票联

开票日期：2022年12月6日

购买方	名称：永兴顺钢构有限公司 纳税人识别号：2100200602193721 地址、电话：沈阳市于洪区天山路188号 024-88508299 开户行及账号：建行于洪支行 200308659940	密码区	略

货物或应税劳务、服务名称	规格型号	单位	数量	单价	金额	税率	税额
安装费				5 000.00	5 000.00	6%	300.00
合计					¥5 000.00		¥300.00
价税合计(大写)	⊗ 伍仟叁佰圆整				(小写)¥5 300.00		

销售方	名称：明华设备安装公司 纳税人识别号：2100200602456541 地址、电话：沈阳市大东区东陵路99号 024-88428399 开户行及账号：建行大东支行 200308669089	备注	(明华设备安装公司 财务专用章)

收款人： 复核人： 开票人： 销售方：(章)

业务9-3

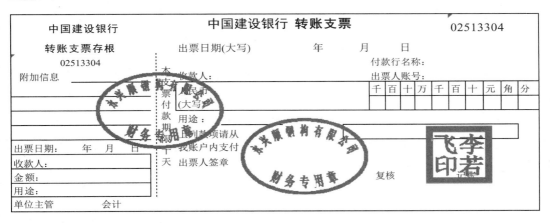

业务9-4

固定资产交接单

2022年12月6日

资产名称	规格型号	计量单位	数量	购进日期	实际成本			
					设备费	运杂费	安装费	其他	合计
成型机	YX51	台	1	2022.12.5					
使用部门	加工车间	接收部门	李彦波	设备来源	采购	采购部门		张天宝	

业务10-1

工资结算单

部门：会计部　　　　　2022年12月6日

经手人	张林	事项	发放工资	
	项目	金额	付款方式	备注
	工资	116 539.66	转账支票	
	合计	116 539.66		
公司领导	部门领导	财务主管	出纳	经手人
李若飞		王宁	张林	张林

业务10-2

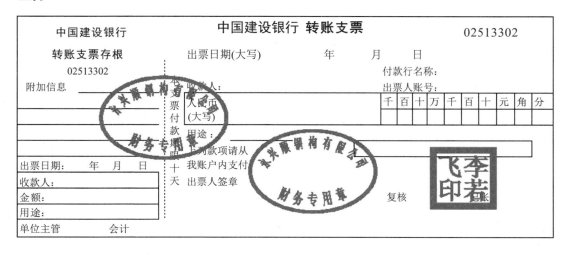

业务10-3

工资计算表

2022年11月

单位：元

部门	姓名	岗位	类别	基本工资	岗位津贴	奖金	通信费	应发合计	社会保险 养老	社会保险 医疗	社会保险 失业	住房公积金	个人所得税	实发合计
办公室	李若飞	总经理	企业管理	4 500	500	500	300	5 800	464	116	29	696	29.85	4 465.15
办公室	姜雷	主任	企业管理	3 500	500	500	200	4 700	376	94	23.5	564	4.28	3 638.22
办公室	王丽丽	行政管理	企业管理	2 500	500	400		3 400	272	68	17	408		2 635.00
办公室	李晓龙	后勤兼司机	企业管理	1 800	500	400	100	2 800	224	56	14	336		2 170.00
会计部	王宁	部门经理	企业管理	3 500	500	500	200	4 700	376	94	23.5	564	4.28	3 638.22
会计部	王海涛	制单会计	企业管理	2 500	500	400		3 400	272	68	17	408		2 635.00
会计部	孙中华	记账会计	企业管理	2 500	500	400		3 400	272	68	17	408		2 635.00
会计部	张林	出纳	企业管理	2 200	500	400		3 100	248	62	15.5	372		2 402.50
人力资源部	吴岩	部门经理	企业管理	3 500	500	500	200	4 700	376	94	23.5	564	4.28	3 638.22
人力资源部	萧岩	人事管理	企业管理	2 000	500	400		2 900	232	58	14.5	348		2 247.50
设计部	龙云飞	部门经理	企业管理	3 500	500	500	200	4 700	376	94	23.5	564	4.28	3 638.22
设计部	寇云石	设计员	企业管理	2 800	500	400		3 700	296	74	18.5	444		2 867.50
采购部	张天宝	部门经理	采购管理	3 500	500	500	200	4 700	376	94	23.5	564	4.28	3 638.22
采购部	范明辉	采购员	采购管理	2 000	500	400		2 900	232	58	14.5	348		2 247.50
采购部	钱胜利	保管员	采购管理	1 800	500	400		2 700	216	54	13.5	324		2 092.50
销售部	邵春风	部门经理	销售管理	3 500	500	500	200	4 700	376	94	23.5	564	4.28	3 638.22
销售部	张玲	销售员	销售管理	2 800	500	400		3 700	296	74	18.5	444		2 867.50
质检部	杜雨霏	部门经理	企业管理	3 500	500	500	200	4 700	376	94	23.5	564	4.28	3 638.22
质检部	窦若溪	质检员	企业管理	2 500	500	400		3 400	272	68	17	408		2 635.00
制造部	白云飞	部门经理	企业管理	3 500	500	500	200	4 700	376	94	23.5	564	4.28	3 638.22
制造部	唐若曦	生产计划	企业管理	2 000	500	400		2 900	232	58	14.5	348		2 247.50

(续表)

部门	姓名	岗位	类别	基本工资	岗位津贴	奖金	通信费	应发合计	社会保险 养老	社会保险 医疗	社会保险 失业	住房公积金	个人所得税	实发合计
一车间	李彦波	车间主任	车间管理	3 500	800	500	200	5 000	400	100	25	600	11.25	3 863.75
一车间	张 炎	工人兼内勤	基本生产	2 000	500	400		2 900	232	58	14.5	348		2 247.50
一车间	赵天德	高级工人	基本生产	2 500	500	400		3 400	272	68	17	408		2 635.00
一车间	张震明	高级工人	基本生产	2 500	500	400		3 400	272	68	17	408		2 635.00
一车间	季凤佳	工人	基本生产	1 800	500	400		2 700	216	54	13.5	324		2 092.50
一车间	罗宇双	工人	基本生产	1 800	500	400		2 700	216	54	13.5	324		2 092.50
一车间	付子豪	工人	基本生产	1 800	500	400		2 700	216	54	13.5	324		2 092.50
一车间	李祥云	工人	基本生产	1 800	500	400		2 700	216	54	13.5	324		2 092.50
一车间	周爱国	工人	基本生产	1 800	500	400		2 700	216	54	13.5	324		2 092.50
一车间	孙嘉嘉	工人	基本生产	1 800	500	400		2 700	216	54	13.5	324		2 092.50
一车间	吕红来	工人	基本生产	1 800	500	400		2 700	216	54	13.5	324		2 092.50
二车间	刘洪宇	车间主任	车间管理	3 500	800	500	200	5 000	400	100	25	600	11.25	3 863.75
二车间	安 静	工人兼内勤	基本生产	2 000	500	400		2 900	232	58	14.5	348		2 247.50
二车间	齐笑天	高级工人	基本生产	2 500	500	400		3 400	272	68	17	408		2 635.00
二车间	萧春阳	工人	基本生产	1 800	500	400		2 700	216	54	13.5	324		2 092.50
二车间	花 瑞	工人	基本生产	1 800	500	400		2 700	216	54	13.5	324		2 092.50
二车间	袁春阳	工人	基本生产	1 800	500	400		2 700	216	54	13.5	324		2 092.50
二车间	康 健	工人	基本生产	1 800	500	400		2 700	216	54	13.5	324		2 092.50
二车间	陈峰松	工人	基本生产	1 800	500	400		2 700	216	54	13.5	324		2 092.50
机修车间	江 涛	车间主任	辅助生产	3 500	800	500	200	5 000	400	100	25	600	11.25	3 863.75
机修车间	杨 斌	设备维护	辅助生产	1 800	500	400		2 700	216	54	13.5	324		2 092.50
机修车间	郭 凤	设备维护	辅助生产	1 800	500	400		2 700	216	54	13.5	324		2 092.50
合计				107 100	22 400	18 400	2 600	150 500	12 040	3 010	752.5	18 060	97.84	116 539.66

部门负责人:　　　　　　　　　　　　　制表:

业务11-1

差 旅 费 报 销 单

部门：　　　　　　　　　　　　　　　　　　年　月　日

出差人						出差事由			
出发		到达		城际交通	住宿费用	补助费		其他	合计
月 日 地点		月 日 地点				天数	市内交通 伙食补助		
	合计								
报销金额（大写）					预借差旅费			补领金额 退还金额	

单位负责人：李若飞　　部门负责人：龙云飞　　会计主管：　　　　会计：

业务11-2

收　据　　　　　　　　　　　　No 357820

年　月　日

今收到　_____

交来　　_____

人民币（大写）　　　　　　　　　　　￥

收款单位：(盖章)　　　收款人：　　　　　交款人：

第三联 收据

业务12-1

费用报销审批单

部门：采购部　　　　　　　　2022年12月6日

经手人		范明辉	事项		采购涂料	
项目			金额	付款方式		备注
涂料			71 070.00	电汇		
合计			71 070.00			
公司领导	部门领导		财务主管	出纳		经手人
李若飞	张天宝					范明辉

业务12-2

辽宁增值税专用发票   No 02103472
发票联

开票日期：2022年12月6日

购货单位	名　　称：	永兴顺钢构有限公司	密码区	略
	纳税人识别号：	2100200602193721		
	地　址、电话：	沈阳市于洪区天山路188号　88508299		
	开户行及账号：	建行于洪支行　　200308659940		

货物或应税劳务名称	规格型号	单位	数量	单价	金额	税率	税额
涂料		吨	30	2 000.00	60 000.00	13%	7 800.00
合计					¥60 000.00		¥7 800.00

价税合计(大写)	⊗陆万柒仟捌佰圆整	(小写) ¥67 800.00

销售单位	名　　称：	彩虹涂料有限责任公司	备注	（彩虹涂料有限责任公司 发票专用章 21010034258450）
	纳税人识别号：	21010034258450		
	地　址、电话：	葫芦岛市龙湾新区滨海街100号　2987000		
	开户行及账号：	工行开发区支行　　41035978865		

收款人：　　　　复核：　　　　开票人：林语　　　　销货单位：(章)

业务12-3

货物运输业增值税专用发票
发票联

No 23011041

开票日期：2022年12月6日

承运人	千里行物流有限责任公司	密码区	略
实际受票方	永兴顺钢构有限公司		
收货人	永兴顺钢构有限公司	发货人	彩虹涂料有限责任公司
起运地、经由、到达地		葫芦岛市—沈阳市	

费用项目及金额	费用项目	金额	运输货物信息	涂料
	运输费用	3 000.00		
合计金额	¥3 000.00	税率　9%	税额	¥270.00
价税合计(大写)	⊗叁仟贰佰柒拾圆整		(小写)¥3 270.00	
主管税务机关	沈阳市税务局	备注	（千里行物流有限责任公司 发票专用章 2100200645982788）	

收款人：刘冰　　复核人：赵瑞松　　开票人：孙晓宁　　承运人：(章)

业务12-4

中国建设银行 电汇凭证(回 单) 1

委托日期： 年 月 日

汇款人	全称			收款人	全称		
	账号				账号		
	汇出地点	省	市/县		汇入地点	省	市/县
汇出行名称				汇入行名称			
人民币(大写)		亿 千 百 十 万 千 百 十 元 角 分

附加信息及用途：

汇出行签章

复核　记账

业务12-5

中国建设银行收费凭证

2022 年 12 月 6 日

户名	永兴顺钢构有限公司	开户银行	建行于洪支行
账号	200308659940	收费种类	电汇手续费

	凭证种类	单价	数量	金额
1.客户购买凭证时在"收费种类"栏填写所购凭证名称。 2.客户在办理结算业务时，在"收费种类"栏分别填写手续费或邮电费，在"凭证种类"栏填写办理的方式。				万 千 百 十 元 角 分
	电汇手续费			5 5 0
	人民币(大写)	伍元伍角整		¥ 5 5 0

复核： 记账：

业务13-1

领 料 单

领用单位：一车间　　　　　2022 年 12 月 7 日　　　　　编号：1201

材料名称	规格型号	计量单位	请领数量	实发数量	总成本	
					单位成本	金额
钢板	4mm	吨	10	10		
合计			10	10		

用途	生产A产品	领料部门		发料部门		财务部门
		负责人	领料人	核准人	发料人	会计
		李彦波	张爽	张天宝	钱胜利	

业务13-2

领 料 单

领用单位：一车间　　　　　2022 年 12 月 7 日　　　　　编号：1202

材料名称	规格型号	计量单位	请领数量	实发数量	总成本	
					单位成本	金额
钢管	108*10	吨	5	5		
合计			5	5		

用途	生产B产品	领料部门		发料部门		财务部门
		负责人	领料人	核准人	发料人	会计
		李彦波	张爽	张天宝	钱胜利	

业务13-3

领 料 单

领用单位：二车间　　　　　2022 年 12 月 7 日　　　　　编号：1203

材料名称	规格型号	计量单位	请领数量	实发数量	总成本	
					单位成本	金额
涂料		吨	5	5		
合计			5	5		

用途	A产品3吨 B产品2吨	领料部门		发料部门		财务部门
		负责人	领料人	核准人	发料人	会计
		李彦波	张爽	张天宝	钱胜利	

业务14

托收凭证(收款通知)　4

委托日期：2022年11月28日

业务类型		委托收款(□ 邮划　□ 电划)		托收承付(□ 邮划　□ 电划)										
付款人	全称	宝发地产有限责任公司		收款人	全称	永兴顺钢构有限公司								
	账号	5301800047258			账号	200308659940								
	地址	辽宁省沈阳市	开户行	交行大东支行	地址	辽宁省沈阳市		开户行		建行于洪支行				
金额	人民币(大写)	壹拾叁万伍仟元整				亿	千	百	十	万	千	百	十	元　角　分
										¥ 1	3	5	0	0　0　0　0
款项内容		货款	托收票据名称	增值税专用发票		附寄单证张数		2						
商品发运情况		货物已经发出		合同名称号码										
备注： 　　复核　　记账			上列款项已划回收入你方账户内 收款人开户银行签章 2022年12月7日 （中国建设银行 沈阳于洪支行 结算专用章）											

业务15

差 旅 费 报 销 单

部门：人力资源部　　　2022年12月8日

出差人			萧岩				出差事由			外出培训	
出发		到达		城际交通	住宿费用	补助费			其他	合计	
月	日	地点	月	日	地点			天数	市内交通	伙食补助		
11	29	沈阳	11	29	北京	295.00	1 500.00	5	250.00	400.00		2 445.00
12	3	北京	12	3	沈阳	295.00						295.00
		合计		590.00	1 500.00		250.00	400.00		2 740.00		
报销金额(大写)		贰仟柒佰肆拾元整			预借差旅费		2 500.00		补领金额	240.00	
									退还金额		

单位负责人：李若飞　　部门负责人：吴岩　　会计主管：　　　　会计：

业务16-1

销售发票通知单

№1203

2022年12月8日

购货单位	名称	辽阳鸿发房地产有限公司			纳税人登记号							2100853256471							
	地址、电话	辽阳市宏伟区 白塔街7号 8215777			开户银行及账号							辽阳银行白塔支行 10354680237							
货物或应税劳务名称		计量单位	数量	单价	金额							税率	税额						
					十	万	千	百	十	元	角	分	(%)	万	千	百	十	元	角	分
钢结构		吨	25	5 400		1	3	5	0	0	0	0	13		1	7	5	5	0	0
合计						1	3	5	0	0	0	0			1	7	5	5	0	0
价税合计(大写)		壹拾伍万贰仟伍佰伍拾零元零角零分												¥152 550.00						
合同号		XS12003			销货人员				张玲				会计							
销售产品发货单号		F1203			销售主管				邵春风				制单		张玲					
备注																				

注：本单据不作为原始凭证。

业务16-2

出 库 单

购货单位：　　　　　　　　　　　年　月　日　　　　　　　编号：G12001

产品编号	产品名称	规格型号	单位	数量	备注
		合计			

主管：邵春风　　　保管员：钱胜利　　　提货人：刘爱华　　　会计：

业务16-3

辽宁增值税专用发票　No.02312202
记账联

开票日期：

购货单位	名　　称：		密码区	略	第一联 记账联 销货方记账凭证
	纳税人识别号：				
	地址、电话：				
	开户行及账号：				

货物或应税劳务名称	规格型号	单位	数量	单价	金额	税率	税额
合计							

价税合计(大写)		(小写)

销售单位	名　　称：	永兴顺钢构有限公司	备注	（永兴顺钢构有限公司 2100200602193721 发票专用章）
	纳税人识别号：	2100200602193721		
	地址、电话：	沈阳市于洪区天山路188号　88508299		
	开户行及账号：	建行于洪支行　　200308659940		

收款人：　　　　　复核：　　　开票人：孙中华　　销货单位：(章)

业务16-4

中国建设银行　2　2532031
银行汇票

付款期限
壹个月

出票日期(大写)	贰零贰贰年壹拾贰月零捌日	代理付款行：建行于洪支行	行号：278956
收款人：	永兴顺钢构有限公司	账号：200308659940	
出票金额	人民币(大写)	壹拾伍万贰仟伍佰伍拾元整	

实际结算金额	人民币(大写)	千	百	十	万	千	百	十	元	角	分

申请人：	辽阳鸿发房地产有限公司	账号或地址：10354680237
出票行：	辽阳银行白塔支行　行号：412935	

备注：
凭票付款
出票行签章　（辽阳银行白塔支行 汇票专用章）

多余金额	十	万	千	百	十	元	角	分

科目(借)
对方科目(贷)
兑付日期：　年　月　日

复核　　　记账

注：本单据不作为原始凭证。

业务16-5

中国建设银行　3　2532031
银 行 汇 票(解讫通知)

付款期限
壹个月

出票日期
(大写) 贰零贰贰年壹拾贰月零捌日　　代理付款行：建行于洪支行　　行号：278956

收款人	永兴顺钢构有限公司	账号	200308659940
出票金额	人民币(大写)	壹拾伍万贰仟伍佰伍拾元整	
实际结算金额	人民币(大写)	千 百 十 万 千 百 十 元 角 分	

申请人：辽阳鸿发房地产有限公司　　账号或地址：10354680237

出票行：辽阳银行白塔支行　行号：412935

备注：

凭票付款

出票行签章：（辽阳银行白塔支行汇票专用章）

多余金额	科目(借)
十 万 千 百 十 元 角 分	对方科目(贷)
	兑付日期：　年　月　日
	复核　　记账

注：本单据不作为原始凭证。

业务16-6

银行汇票第二联背面

被背书人	被背书人
背书人签章 年 月 日	背书人签章 年 月 日

持票人向银行
提示付款签章：　　身份证件名称：　　发证机关：

业务16-7

中国建设银行进账单(收账通知)　3

年　月　日

出票人	全称		收款人	全称	
	账号			账号	
	开户银行			开户银行	
金额	人民币 (大写)		亿 千 百 十 万 千 百 十 元 角 分		
票据种类		票据张数				
票据号码					
复核　　　记账				收款人开户银行盖章 年　月　日	

此联是收款人开户银行交给收款人的收账通知

业务17-1

社会保险费电子转账凭证

日期：2022年12月8日

付款人	全称	永兴顺钢构有限公司	收款人	全称	沈阳市税务局于洪分局
	账号	200308659940		账号	200308683558
	开户行	建行于洪支行		开户行	建行于洪分理处
金额	人民币肆万叁仟肆佰玖拾肆元伍角整				¥43 494.50
摘要	代扣号：B30055629，2022年11月社保费 养老小计：42 140.00　养老单位：30 100.00　养老个人：12 040.00 工伤小计：　1 354.50　工伤单位：　1 354.50					收款人开户 银行盖章
备注	略				转账时间 9：30：20

复核：　　　　　　　　记账：

业务17-2

社会保险费电子转账凭证

日期：2022年12月8日

付款人	全称	永兴顺钢构有限公司	收款人	全称	沈阳市税务局于洪分局
	账号	200308659940		账号	200308683558
	开户行	建行于洪支行		开户行	建行于洪分理处
金额	人民币　壹万捌仟贰佰壹拾元伍角整			¥18 210.50	
摘要	代扣号：S30059645，2022年11月社保费 医疗小计：15 953.00　医疗单位：12 943.00　医疗个人：3 010.00 失业小计：2 257.50　失业单位：1 505.00　失业个人：752.50			银行盖章 转账时间 9：30：20	
备注	略				

复核：　　　　　　　　记账：

业务17-3

住房公积金汇缴书

2022年12月8日　　　　　　　　　　　　　　　　　　　字第　号

单位名称		永兴顺钢构有限公司		汇缴：2022年11月								
开户行		建行于洪支行	单位账号	200308659940		汇缴：43人						
金额 (大写)		叁万陆仟壹佰贰拾元整			千	百	十	万	千	百	十	元	角	分
								¥	3	6	1	2	0	0	0
上次汇缴		本次增加汇缴		本次减少汇缴		本次汇缴	
人数	金额	人数	金额	人数	金额	人数	金额
43	36 120					43	36 120
付款行		付款账号		支票号码		收款银行盖章	

业务18-1

费用报销审批单

部门：采购部　　　　　　　　2022年12月9日

经手人	范明辉	事项		上月材料款	
项目		金额	付款方式		备注
材料款		30 000.00	电汇		
合计		30 000.00			
公司领导	部门领导	财务主管	出纳		经手人
李若飞	张天宝				范明辉

业务18-2

中国建设银行 电汇凭证(回 单)　1

委托日期：2022年12月9日

	全称	永兴顺钢构有限公司		全称	北京达顺特种材料厂									
汇款人	账号	200308659940	收款人	账号	10025401345									
	汇出地点	辽宁 省沈阳 市/县		汇入地点	省 北京 市/县									
	汇出行名称	建行于洪支行		汇入行名称	北京银行丰台支行									
金额(大写)	叁万元整				亿	千	百	十	万	千	百	十	元	角	分
									¥	3	0	0	0	0	0	0
汇出行签章（中国建设银行沈阳于洪支行 业务受理章）			附加信息及用途：											
			复核		记账									

此联汇出行给汇款人的回单

业务18-3

中国建设银行收费凭证

2022 年 12 月 9 日

户名	永兴顺钢构有限公司	开户银行	建行于洪支行							
账号	200308659940	收费种类	电汇手续费							
1. 客户购买凭证时在"收费种类"栏填写所购凭证名称。 2. 客户在办理结算业务时,在"收费种类"栏分别填写手续费或邮电费,在"凭证种类"栏填写办理的方式。	凭证种类	单价	数量	金额						
				万	千	百	十	元	角	分
	电汇手续费							5	5	0
	人民币 (大写)	伍元伍角整					¥	5	5	0

复核: 记账:

业务19-1

费用报销审批单

部门:办公室   2022年12月9日

经手人	王丽丽	事项	采购办公用品	
项目		金额	付款方式	备注
办公用品		800.00	现金	
合计		800.00		
公司领导	部门领导	财务主管	出纳	经手人
李若飞	姜雷			王丽丽

附录 会计业务原始单据 179

业务19-2

辽宁增值税普通发票

№ 06439522

发票联

开票日期：2022年12月9日

第二联 发票联 购买方记账凭证

购买方	名　　称：	永兴顺钢构有限公司			密码区	略		
	纳税人识别号：	2100200602193721						
	地址、电话：	沈阳市于洪区天山路188号　024-8508299						
	开户行及账号：	建行于洪支行　200308659940						

货物或应税劳务、服务名称	规格型号	单位	数量	单价	金额	税率	税额
办公用品(见明细)				754.72	754.72	6%	45.28
合计					¥754.72		¥45.28

价税合计(大写)	⊗捌佰圆整	(小写)¥800.00

销售方	名　　称：	好伙伴办公用品有限公司	备注
	纳税人识别号：	210020082261745	
	地址、电话：	沈阳市于洪区天山路8号　024-8508777	
	开户行及账号：	建行于洪支行　200308653927	

收款人：　　复核人：　　开票人：赵德胜　　销售方：(章)

业务19-3

货物销售明细

购货单位：永兴顺钢构有限公司　　2022年12月9日

品名	单位	数量	单价	金额								备注
				百	十	万	千	百	十	元	角	分
水性笔	盒	5	30					1	5	0	0	0
档案袋	个	100	0.50						5	0	0	0
资料夹	件	50	10					5	0	0	0	0
日记本	包	10	10					1	0	0	0	0
金额合计(小写)							¥	8	0	0	0	0
合计(人民币大写)				⊗任捌佰零拾零元零角零分								

收款单位：(盖章有效)　　开票人：赵德胜

业务20-1

辽宁增值税普通发票   № 06483348

发票联

开票日期：2022年12月10日

购买方	名　　　　称：永兴顺钢构有限公司 纳税人识别号：210020060 2193721 地址、　电话：沈阳市于洪区天山路188号　024-8508299 开户行及账号：建行于洪支行　200308659940	密码区	略

货物或应税劳务、服务名称	规格型号	单位	数量	单价	金额	税率	税额
广告费					11 320.75	6%	679.25
合计					¥11 320.75		¥679.25

价税合计(大写)	⊗壹万贰仟圆整	(小写)¥12 000.00

销售方	名　　　　称：盛世安达广告有限公司 纳税人识别号：210020082215475 地址、　电话：沈阳市皇姑区青城山路30号　024-8501234 开户行及账号：建行皇姑支行　200308645450	备注	（盛世安达广告有限公司发票专用章）

收款人：　　　　　复核人：　　　　　开票人：王青青　　　　　销售方：(章)

业务20-2

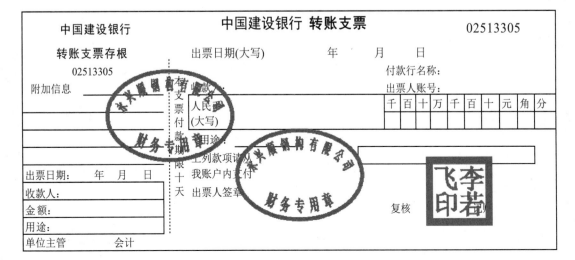

业务20-3

费用报销审批单

部门：办公室　　　　　　　2022年12月10日

经手人		王丽丽		事项		广告费	
项目			金额		付款方式		备注
广告费			12 000.00		转账支票		
合计			12 000.00				
公司领导		部门领导		财务主管		出纳	经手人
李若飞		姜雷					王丽丽

业务21

科目汇总表

　　　　　　　　年　月　日　　　编号

科目代码	科目名称	借方发生额	贷方发生额
合计			

业务22-1

费用报销审批单

部门：销售部　　　　　　　2022年12月10日

经手人		张玲		事项		招待费	
项目			金额		付款方式		备注
餐费			725.00		现金		
合计			725.00				
公司领导		部门领导		财务主管		出纳	经手人
李若飞		邵春风					张玲

业务22-2

辽宁增值税普通发票

No 07478625

发票联

开票日期：2022年12月9日

购买方	名　　　称：永兴顺钢构有限公司 纳税人识别号：2100200602193721 地址、　电话：沈阳市于洪区天山路188号　024-8508299 开户行及账号：建行于洪支行　200308659940	密码区	略

货物或应税劳务、服务名称	规格型号	单位	数量	单价	金额	税率	税额
餐费				683.96	683.96	6%	41.04
合计					¥683.96		¥41.04

价税合计（大写）	⊗ 柒佰贰拾伍圆整	（小写）¥725.00

销售方	名　　　称：沈阳顺天府餐饮有限责任公司 纳税人识别号：210020085346812 地址、　电话：沈阳市于洪区万山路200号　024-85009999 开户行及账号：建行万山支行　200302581008	备注	(沈阳顺天府餐饮有限责任公司 210020085346812 发票专用章)

收款人：　　　复核人：　　　开票人：张丽琳　　　销售方：（章）

业务23-1

费用报销审批单

部门：质检部　　2022年12月10日

经手人	窦若溪	事项	设备检测费	
项目		金额	付款方式	备注
设备检测费		1 500.00	转账支票	
合计		1 500.00		
公司领导	部门领导	财务主管	出纳	经手人
李若飞	杜雨霏			窦若溪

业务23-2

辽宁增值税普通发票

No 06483121

发票联

开票日期：2022年12月10日

购买方	名称：永兴顺钢构有限公司 纳税人识别号：2100200602193721 地址、电话：沈阳市于洪区天山路188号 024-8508299 开户行及账号：建行于洪支行 200308659940	密码区	略
货物或应税劳务、服务名称	规格型号	单位	数量	单价	金额	税率	税额
设备检测费				1 415.09	1 415.09	6%	84.91
合计					¥1 415.09		¥84.91
价税合计(大写)	⊗壹仟伍佰圆整		(小写)¥1 500.00
销售方	名称：沈阳市特种设备检验检测所 纳税人识别号：210020086590786 地址、电话：沈阳市皇姑区长白山路7号 024-85009999 开户行及账号：建行皇姑支行 200308629879	备注	

收款人： 复核人： 开票人：王爽 销售方：(章)

业务23-3

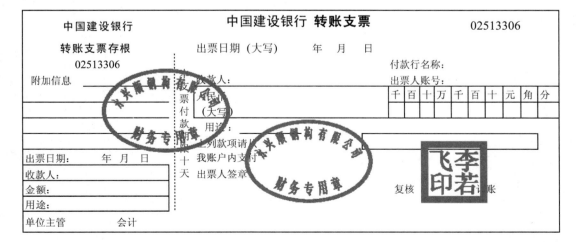

业务24-1

销售发票通知单

№1204

2022年12月10日

<table>
<tr><td rowspan="2">购货单位</td><td>名称</td><td colspan="2">鼎力(集团)股份有限公司</td><td colspan="2">纳税人登记号</td><td colspan="2">210010256345</td></tr>
<tr><td>地址、电话</td><td colspan="2">沈阳市铁西新区六号街15号 31667777</td><td colspan="2">开户银行及账号</td><td colspan="2">中行开发区支行 3204621085</td></tr>
<tr><td colspan="2" rowspan="2">货物或应税劳务名称</td><td rowspan="2">计量单位</td><td rowspan="2">数量</td><td rowspan="2">单价</td><td>金额</td><td>税率</td><td>税额</td></tr>
<tr><td>十万 千 百 十 元 角 分</td><td>(%)</td><td>万 千 百 十 元 角 分</td></tr>
<tr><td colspan="2">复合板</td><td>吨</td><td>100</td><td>5 200</td><td>5 2 0 0 0 0 0 0</td><td>13</td><td>6 7 6 0 0 0 0</td></tr>
<tr><td colspan="2"></td><td></td><td></td><td></td><td></td><td></td><td></td></tr>
<tr><td colspan="2">合计</td><td></td><td></td><td></td><td>5 2 0 0 0 0 0 0</td><td></td><td>6 7 6 0 0 0 0</td></tr>
<tr><td colspan="2">价税合计(大写)</td><td colspan="4">伍拾捌万柒仟陆佰零拾零元零角零分</td><td colspan="2">¥：587 600.00</td></tr>
<tr><td colspan="2">合同号</td><td colspan="2">XS12004</td><td>销货人员</td><td>张玲</td><td>会计</td><td></td></tr>
<tr><td colspan="2">销售产品发货单号</td><td colspan="2">FH1204</td><td>销售主管</td><td>邵春风</td><td>制单</td><td>张玲</td></tr>
<tr><td colspan="2">备注</td><td colspan="6"></td></tr>
</table>

注：本单据不作为原始凭证。

业务24-2

辽宁增值税专用发票
记账联

№02312203

开票日期：

<table>
<tr><td rowspan="4">购货单位</td><td>名　　称：</td><td rowspan="2">密码区</td><td rowspan="2">略</td></tr>
<tr><td>纳税人识别号：</td></tr>
<tr><td>地址、电话：</td><td></td><td></td></tr>
<tr><td>开户行及账号：</td><td></td><td></td></tr>
<tr><td colspan="2">货物或应税劳务名称　规格型号　单位　数量　单价</td><td>金额　税率</td><td>税额</td></tr>
<tr><td colspan="2"></td><td></td><td></td></tr>
<tr><td colspan="2">合计</td><td></td><td></td></tr>
<tr><td colspan="2">价税合计(大写)</td><td colspan="2">(小写)</td></tr>
<tr><td rowspan="4">销售单位</td><td>名　　称：永兴顺钢构有限公司</td><td rowspan="4">备注</td><td rowspan="4">（永兴顺钢构有限公司 2100206602193721 发票专用章）</td></tr>
<tr><td>纳税人识别号：2100200602193721</td></tr>
<tr><td>地址、电话：沈阳市于洪区天山路188号　88508299</td></tr>
<tr><td>开户行及账号：建行于洪支行　200308659940</td></tr>
</table>

收款人：　　　复核：　　　开票人：孙中华　　　销货单位：(章)

第一联 记账联 销货方记账凭证

业务24-3

出 库 单

购货单位：　　　　　　　　　年　月　日　　　　　编号：F1203

产品编号	产品名称	规格型号	单位	数量	备注
	合计				

主管：邵春风　　　保管员：钱胜利　　　提货人：胡永志　　　会计：

业务24-4

附加信息：	被背书人 背书人签章 年　月　日	被背书人 背书人签章 年　月　日

业务24-5

中国银行 转账支票　　　　　　　　　　　02753608

出票日期(大写)贰零贰贰年壹拾贰月零壹拾日

付款行名称：　中行开发区支行

收款人：　永兴顺钢构有限公司　　　　出票人账号：　3204621085

人民币(大写)　伍拾捌万柒仟陆佰元整　　　￥587600 0 0

用途：　货款

上列款项请从我账户内支付

出票人签章（鼎力(集团)股份有限公司 财务专用章）　　复（军赵印思）　记账

注：本单据不做原始凭证。

业务24-6

中国建设银行进账单(收账通知)　3

年　月　日

出票人	全称		收款人	全称	
	账号			账号	
	开户银行			开户银行	
金额	人民币(大写)		亿 千 百 十 万 千 百 十 元 角 分		
票据种类		票据张数			
票据号码					
复核　　记账			收款人开户银行盖章　年 月 日		

此联是收款人开户银行交给收款人的收账通知

业务24-7

费用报销审批单

部门：销售部　　　　2022年12月10日

经手人	张玲	事项	运费	
项目		金额	付款方式	备注
运费		3 000.00	转账支票	
合计		3 000.00		
公司领导	部门领导	财务主管	出纳	经手人
李若飞	邵春风			张玲

业务24-8

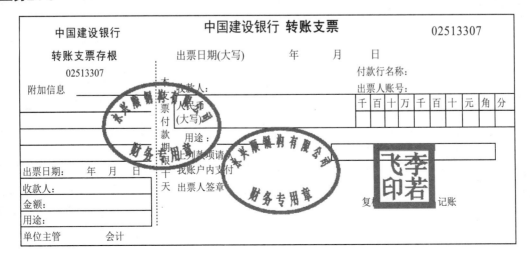

业务24-9

货物运输业增值税专用发票

发票联

№ 23011047

开票日期：2022年12月10日

承运人	千里行物流有限责任公司	密码区	略	
实际受票方	永兴顺钢构有限公司			
收货人	永兴顺钢构有限公司	发货人	永兴顺钢构有限公司	
起运地、经由、到达地		沈阳市—沈阳市		
费用项目及金额	费用项目	金额	运输货物信息	复合板
	运输费用	2 752.29		
合计金额	¥2 752.29	税率	9%	税额	¥247.71
价税合计(大写)	⊗叁仟圆整		(小写)¥3 000.00	
主管税务机关	沈阳市税务局	备注			

收款人：刘冰　　复核人：赵瑞松　　开票人：孙晓宁　　承运人：(章)

（千里行物流有限责任公司 发票专用章 2100200645982788）

业务25-1

费用报销审批单

部门：采购部　　　　　2022年12月11日

经手人	范明辉	事项	采购材料	
项目		金额	付款方式	备注
采购材料		100 631.25	转账支票	
合计		100 631.25		
公司领导	部门领导	财务主管	出纳	经手人
李若飞	张天宝			范明辉

业务25-2

辽宁增值税专用发票　　№ 06483348

发票联

开票日期：2022年12月11日

购买方	名　　称：永兴顺钢构有限公司 纳税人识别号：2100200602193721 地址、　电话：沈阳市于洪区天山路188号　024-8508299 开户行及账号：建行于洪支行　200308659940	密码区	略

货物或应税劳务、服务名称	规格型号	单位	数量	单价	金额	税率	税额
钢管	108*10	吨	10	4 887.50	48 875.00	13%	6 353.75
钢管	DN200	吨	10	3 825.00	38 250.00	13%	4 972.50
合计					¥87 125.00		¥11 326.25

价税合计(大写)	⊗玖万捌仟肆佰伍拾壹圆贰角伍分	(小写)¥98 451.25

销售方	名　　称：富海钢材经销有限责任公司 纳税人识别号：210020082216785 地址、　电话：沈阳市皇姑区青城山路25号　024-8501255 开户行及账号：建行皇姑支行　200308678451	备注	（富海钢材经销有限责任公司 210020082216785 发票专用章）

收款人：　　复核人：　　开票人：陈春雨　　销售方：(章)

第三联　发票联　购买方记账凭证

业务25-3

材料入库单

年　月　日

名称	规格	单位	数量		实际成本				
			应收	实收	买价		运杂费	其他	合计
					单价	金额			
合计									

主管：张天宝　　检验员：窦若溪　　保管员：钱胜利　　会计：

业务25-4

货物运输业增值税专用发票

发票联

№ 23011050

开票日期：2022年12月11日

承运人	千里行物流有限责任公司	密码区	略
实际受票方	永兴顺钢构有限公司		
收货人	永兴顺钢构有限公司	发货人	永兴顺钢构有限公司
起运地、经由、到达地		沈阳市—沈阳市	
费用项目及金额	费用项目 运输费用	金额 2 000.00	运输货物信息 钢管
合计金额	¥2 000.00	税率 9%	税额 ¥180.00
价税合计(大写)	⊗贰仟壹佰捌拾圆整		(小写)¥2 180.00
主管税务机关	沈阳市税务局	备注	

收款人：刘冰　　复核人：赵瑞松　　开票人：孙晓宁　　承运人：(章)

业务25-5

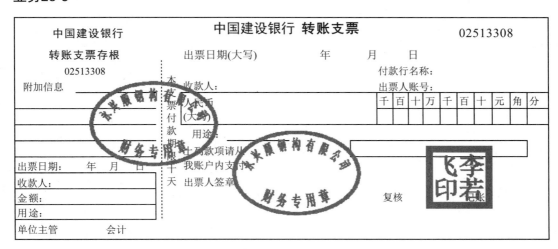

业务26

材料入库单

年　月　日

名称	规格	单位	数量		实际成本				
			应收	实收	买价		运杂费	其他	合计
					单价	金额			
		合计							

主管：张天宝　　　检验员：窦若溪　　　保管员：钱胜利　　　会计：

业务27-1

领　料　单

领用单位：一车间　　　　2022年12月11日　　　　编号：1204

材料名称	规格型号	计量单位	请领数量	实发数量	总成本	
					单位成本	金额
钢板	4mm		5	5		
		合计	5	5		
用途	生产A产品	领料部门		发料部门		财务部门
		负责人	领料人	核准人	发料人	会计
		李彦波	张爽	张天宝	钱胜利	

业务27-2

领　料　单

领用单位：一车间　　　　2022年12月11日　　　　编号：1205

材料名称	规格型号	计量单位	请领数量	实发数量	总成本	
					单位成本	金额
钢管	DN200		10	10		
		合计	10	10		
用途	生产B产品	领料部门		发料部门		财务部门
		负责人	领料人	核准人	发料人	会计
		李彦波	张爽	张天宝	钱胜利	

业务27-3

领　料　单

领用单位：二车间　　　　2022年12月11日　　　　编号：1206

材料名称	规格型号	计量单位	请领数量	实发数量	总成本	
					单位成本	金额
涂料		吨	5	5		
		合计	5	5		
用途	A产品1吨 B产品4吨	领料部门		发料部门		财务部门
		负责人	领料人	核准人	发料人	会计
		李彦波	张爽	张天宝	钱胜利	

业务28

托收凭证(收款通知) 4

委托日期：2022年11月25日

业务类型		委托收款(□ 邮划 □ 电划)		托收承付(□ 邮划 □ 电划)									
付款人	全称	大连渤海钢构件有限公司		收款人	全称	永兴顺钢构有限公司							
	账号	6026450037215			账号	200308659940							
	地址	辽宁省大连市	开户行	大连银行中山路支行		地址	辽宁省沈阳市	开户行	建行于洪支行				
金额	人民币(大写)	壹拾伍万元整				亿 千 百 十 万 千 百 十 元 角 分 ¥ 1 5 0 0 0 0 0 0							
款项内容		货款	托收票据名称	增值税专用发票		附寄单证张数		2					
商品发运情况		已经发货				合同名称号码							
备注：				款项收妥日期		收款人开户银行签章							
		复核 记账		2022年12月12日		2022年12月12日							

业务29-1

中国建设银行 电子缴税付款凭证

转账日期：2022年12月13日　　凭证字号：02567035

纳税人全称及纳税人别号：永兴顺钢构有限公司　2100200602193721
付款人全称：永兴顺钢构有限公司
付款人账号：200308659940　　　　征收机关名称：沈阳市税务局于洪分局
付款人开户银行：建行于洪支行　　收款国库(银行)名称：国库沈阳分行金库
小写(合计)金额：￥73 500.00　　　缴款书交易流水号：31136512
大写(合计)金额：人民币柒万叁仟伍佰元整　　税票号码：1

税费种名称	所属时期	实缴金额
增值税	20221101—20221130	￥73 500.00

第1次打印　　打印时间：2022/12/13

第二联 作为付款回单(无银行收讫章无效)　　　复核：　　　记账：

业务29-2

中国建设银行 电子缴税付款凭证

转账日期：2022年12月13日　　　凭证字号：02567036

纳税人全称及纳税人别号：永兴顺钢构有限公司　2100200602193721
付款人全称：永兴顺钢构有限公司
付款人账号：200308659940　　征收机关名称：沈阳市税务局于洪分局
付款人开户银行：建行于洪支行　收款国库(银行)名称：国库沈阳分行金库
小写(合计)金额：¥7 350.00　　缴款书交易流水号：31136501
大写(合计)金额：人民币柒仟叁佰伍拾元整　税票号码：127159191070126779

税费种名称	所属时期	实缴金额
城建税	20221101—20221130	¥5 145.00
教育费附加	20221101—20221130	¥2 205.00

第1次打印　　打印时间：20221213

第二联 作为付款回单(无银行收讫章无效)　　复核：　　记账：

业务30

借　款　单

年　月　日

借款部门		借款人	
借款金额	人民币 (大写)		¥_____
借款用途			
单位负责人	李若飞	部门负责人	邵春风
财务负责人		出纳	

业务31-1

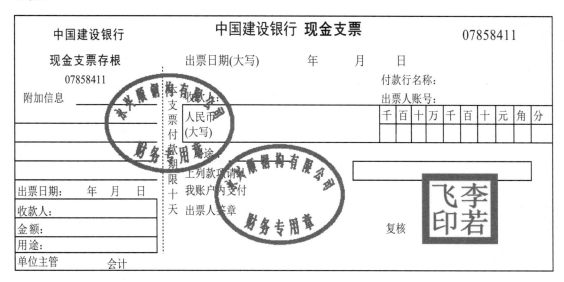

业务31-2

附加信息：		
		收款人签章 年　月　日
身份证件名称：	发证机关：	
号码		

业务32-1

费用报销审批单

部门：办公室　　　　2022年12月14日

经手人	王丽丽	事项	部门月票费	
项目		金额	付款方式	备注
部门月票费		210.00	现金	
合计		210.00		
公司领导	部门领导	财务主管	出纳	经手人
李若飞	姜雷			王丽丽

业务32-2

2022年12月月票费用

序号	部门	月票费	签名	备注
1	办公室	70		
2	会计部	70		5张发票，略
3	采购部	70		
	合计	210		

部门负责人：姜雷　　　　　　　　　　制表：王丽丽

业务33

中国建设银行 信汇凭证(收账通知)　4

委托日期：2022年12月14日

	全称	鞍山福海建筑机械厂		全称	永兴顺钢构有限公司	
汇款人	账号	40086931975	收款人	账号	200308659940	此联给收款人的收账通知
	汇出地点	辽宁 省 鞍山 市/县		汇入地点	辽宁 省 沈阳 市/县	
	汇出行名称	鞍山银行四方支行		汇入行名称	建行于洪支行	
金额	人民币(大写)陆万元整		亿 千 百 十 万 千 百 十 元 角 分 ¥ 6 0 0 0 0 0 0			
款项已收入收款人账户			附加信息及用途：			
	汇出行签章		复核　　记账			

(印章：中国建设银行沈阳于洪支行　转讫)

业务34-1

销售发票通知单　　　　　　　　　№ 1205

2022年12月15日

购货单位	名称	鞍山福海建筑机械厂			纳税人登记号							210030245761						
	地址、电话	鞍山市铁西区建设街75号　88458370			开户银行及账号							鞍山银行四方支行 500862357090						
货物或应税劳务名称		计量单位	数量	单价	金额							税率(%)	税额					
					十	万	千	百	十	元	角	分		万	千	百	十	元	角	分
复合板		吨	15	5 250		7	8	7	5	0	0	0	13		1	0	2	3	7	5	0
合计						7	8	7	5	0	0	0			1	0	2	3	7	5	0
价税合计(大写)		⊗ 拾捌万捌仟玖佰捌拾柒元伍角零分　　　　¥ 88 987.50																	
合同号		XS12005			销货人员			张玲				会计						
销售产品发货单号		F1205			销售主管			邵春凤				制单			张玲			
备注																		

注：本单据不做原始凭证。

业务34-2

辽宁增值税专用发票
记账联

No 02312203

开票日期：

购货单位	名　　　称：		密码区	略
	纳税人识别号：			
	地址、电话：			
	开户行及账号：			

货物或应税劳务名称	规格型号	单位	数量	单价	金额	税率	税额
合计							

价税合计(大写)		(小写)

销售单位	名　　　称：	永兴顺钢构有限公司	备注	(发票专用章)
	纳税人识别号：	2100200602193721		
	地址、电话：	沈阳市于洪区天山路188号　88508299		
	开户行及账号：	建行于洪支行　200308659940		

收款人：　　　　复核：　　　　开票人：孙中华　　　　销货单位：(章)

第一联 记账联 销货方记账凭证

业务34-3

出　库　单

购货单位：　　　　　　　　　年　月　日　　　编号：F1204

产品编号	产品名称	规格型号	单位	数量	备注
合计					

主管：邵春风　　保管员：钱胜利　　提货人：苏岩　　会计：

业务35-1

费用报销审批单

部门：机修车间　　　　2022年12月15日

经手人	杨斌	事项	设备修理费(一车间)	
项目		金额	付款方式	备注
设备修理费		2 500.00	转账支票	
合计		2 500.00		
公司领导	部门领导	财务主管	出纳	经手人
李若飞	江涛			杨斌

附录　会计业务原始单据　213

业务35-2

辽宁增值税专用发票　№ 06487865

发票联

开票日期：2022年12月15日

购买方	名　　称：永兴顺钢构有限公司 纳税人识别号：2100200602193721 地址、电话：沈阳市于洪区天山路188号　024-8508299 开户行及账号：建行于洪支行　200308659940	密码区	略

货物或应税劳务、服务名称	规格型号	单位	数量	单价	金额	税率	税额
修理费				2 212.39	2 212.39	13%	287.61
合计					¥2 212.39		¥287.61

价税合计(大写)	⊗贰仟伍佰圆整	(小写)¥2 500.00

销售方	名　　称：海曼钢结构有限责任公司 纳税人识别号：210020085346812 地址、电话：沈阳市皇姑区和睦路100号　024-85008787 开户行及账号：建行和睦支行　200308626535	备注	(发票专用章)

收款人：　　　　复核人：　　　　开票人：高丰　　　　销售方：(章)

第三联发票联购买方记账凭证

业务35-3

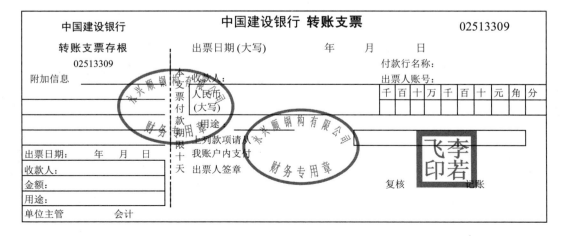

业务36-1

差 旅 费 报 销 单

部门：　　　　　　　　　　　　　年　月　日

出差人				城际交通	住宿费用	补助费			其他	合计
出发		到达				天数	市内交通	伙食补助		
月	日	地点	月	日	地点							

出发			到达			城际交通	住宿费用	天数	市内交通	伙食补助	其他	合计
月	日	地点	月	日	地点							
		合计										

报销金额（大写）		预借差旅费		补领金额	
				退还金额	

单位负责人：　　　　部门负责人：　　　　会计主管：　　　　会计：

业务36-2

收　据

No 357821

年　月　日

今收到		
交来		
人民币(大写)		¥

收款单位：(盖章)　　　收款人：　　　　交款人：

第三联收据

（印章：永兴顺钢构有限公司 财务专用章）

业务37

付款期限 壹个月	

中国建设银行　4　2598358
银行汇票(多余款收账通知)

出票日期(大写) 贰零贰贰年壹拾壹月贰拾柒日	代理付款行：建行于洪支行	行号：
收款人：辽阳天成房地产开发公司	账号：45006954389	
出票金额　人民币(大写)	壹拾肆万元整	

实际结算金额　人民币(大写)	壹拾叁万捌仟陆佰元整	千	百	十	万	千	百	十	元	角	分
		¥	1	3	8	6	0	0	0	0	0

申请人：永兴顺钢构有限公司	账号或地址：200308659940
出票行：建行于洪支行　行号：2××××	

备注：

凭票付款

出票行签章　（中国建设银行沈阳于洪支行 汇票专用章）

多余金额	十	万	千	百	十	元	角	分
		¥	1	4	0	0	0	0

科目(借)
对方科目(贷)
兑付日期：　年　月　日
复核　　　记账

业务38-1

销售发票通知单

№ 1206

2022年12月17日

购货单位	名称	王大力		纳税人登记号										
	地址、电话			开户银行及账号										

货物或应税劳务名称	计量单位	数量	单价	金额 十 万 千 百 十 元 角 分	税率(%)	税额 万 千 百 十 元 角 分
钢结构	吨	0.5	5 000	2 5 0 0 0 0	13	3 2 5 0 0
合计				2 5 0 0 0 0		3 2 5 0 0
价税合计(大写)	⊗贰仟捌佰贰拾伍元零角零分				¥：2 825.00	
合同号	XS12006	销货人员	张玲	会计		
销售产品发货单号	G1201	销售主管	邵春风	制单	张玲	
备注			现金销售，开具普通发票			

注：本单据不做原始凭证。

业务38-2

出 库 单

购货单位：　　　　　　　　　　　年　月　日　　　　　　编号：G1201

产品编号	产品名称	规格型号	单位	数量	备注
	合计				

主管：冯双东　　　保管员：张天宝　　　提货人：王大力　　　会计：

业务38-3

辽宁增值税普通发票　　№ 06487865

记账联

开票日期：2022年12月17日

购买方	名　　称：个人 纳税人识别号： 地　址、电　话： 开户行及账号：	密码区	略

货物或应税劳务、服务名称	规格型号	单位	数量	单价	金额	税率	税额
钢结构		吨	0.5	5 000.00	2 500.00	13%	325.00
合计					¥2 500.00		¥325.00

价税合计(大写)	⊗贰仟捌佰贰拾伍圆整	(小写)¥2 825.00

销售方	名　　称：永兴顺钢构有限公司 纳税人识别号：2100200602193721 地　址、电　话：沈阳市于洪区天山路188号　024-8508299 开户行及账号：建行于洪支行　200308659940	备注	(永兴顺钢构有限公司 发票专用章 2100200602193721)

收款人：　　　　复核人：　　　　开票人：张玲　　　　销售方：(章)

业务39-1

销售发票通知单

№ 1207

2022年12月17日

购货单位	名称	富利建设工程公司		纳税人登记号		2100314538567										
	地址、电话	沈阳市于洪区太湖街88号 31667690		开户银行及账号		农行开发区支行 3600987563547										
货物或应税劳务名称		计量单位	数量	单价	金额							税率(%)	税额			
					十	万	千	百	十	元	角	分		万	千	百	十	元	角	分
复合板		吨	30	5 500		1	6	5	0	0	0	0	13		2	1	4	5	0	0
合计						1	6	5	0	0	0	0			2	1	4	5	0	0
价税合计(大写)		壹拾捌万陆仟肆佰伍拾零元零角零分											¥: 186 450.00							
合同号		XS12007	销货人员		张玲				会计											
销售产品发货单号		F1206	销售主管		邵春风				制单				张玲							
备注		收到转账支票和现金																		

注：本单据不做原始凭证。

业务39-2

辽宁增值税专用发票
记账联

№ 02312204

开票日期：

购货单位	名　　称：		密码区	略	第一联 记账联 销货方记账凭证
	纳税人识别号：				
	地　址、电话：				
	开户行及账号：				
货物或应税劳务名称	规格型号	单位 数量 单价	金额	税率	税额
合计					
价税合计(大写)			(小写)		
销售单位	名　　称：	永兴顺钢构有限公司	备注		
	纳税人识别号：	2100200602193721			
	地　址、电话：	沈阳市于洪区天山路188号 88508299			
	开户行及账号：	建行于洪支行 200308659940			

收款人：　　　　　复核：　　　开票人：孙中华　　　销货单位：(章)

业务39-3

出 库 单

购货单位：　　　　　　　年　月　日　　　　编号：F1205

产品编号	产品名称	规格型号	单位	数量	备注
	合计				

主管：冯双东　　保管员：张天宝　　提货人：佟铁强　　会计：

业务39-4

中国建设银行进账单(收账通知)　3

年　月　日

出票人	全称		收款人	全称	
	账号			账号	
	开户银行			开户银行	

金额	人民币(大写)	亿	千	百	十	万	千	百	十	元	角	分

票据种类		票据张数	
票据号码			

复核　　记账　　　　　收款人开户银行盖章　年　月　日

此联是收款人开户银行交给收款人的收账通知

业务39-5

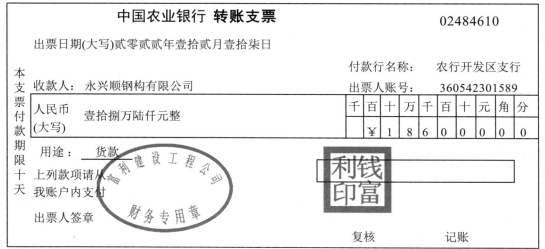

注：本单据不作为原始凭证。

业务39-6

附加信息：	被背书人	被背书人	
			贴粘单处
	背书人签章 年 月 日	背书人签章 年 月 日	

业务39-7

收 据

No 357822

年　月　日

今收到 _____	第三联收据
交来 _____	
人民币_____(大写)　　　　　　¥	
收款单位：(盖章)　　收款人　　　交款人	

业务40-1

费用报销审批单

部门：办公室　　　　　　2022年12月17日

经手人	王丽丽	事项	购买复印纸	
项目		金额	付款方式	备注
复印纸		286.20	现金	
合计		286.20		
公司领导	部门领导	财务主管	出纳	经手人
李若飞	姜雷			王丽丽

附录　会计业务原始单据　227

业务40-2

辽宁增值税普通发票　№ 06439530

发票联

开票日期：2022年12月17日

购买方	名　　称：永兴顺钢构有限公司 纳税人识别号：2100200602193721 地址、电话：沈阳市于洪区天山路188号　024-8508299 开户行及账号：建行于洪支行　200308659940	密码区	略

货物或应税劳务、服务名称	规格型号	单位	数量	单价	金额	税率	税额
复印纸		包	3	90.00	270.00	6%	16.20
合计					¥270.00		¥16.20

价税合计(大写)　⊗贰佰捌拾陆圆贰角整　　　(小写)¥286.20

销售方	名　　称：好伙伴办公用品有限公司 纳税人识别号：210020082261745 地址、电话：沈阳市于洪区天山路8号　024-8508777 开户行及账号：建行于洪支行　200308653927	备注	(好伙伴办公用品有限公司 发票专用章)

收款人：　　　复核人：　　　开票人：赵凌云　　　销售方：(章)

第二联　发票联　购买方记账凭证

业务41-1

费用报销审批单

部门：采购部　　　2022年12月18日

经手人	范明辉	事项	工作服
项目	金额	付款方式	备注
工作服	6 847.80	转账支票	
合计	6 847.80		

公司领导	部门领导	财务主管	出纳	经手人
李若飞	张天宝			范明辉

业务41-2

辽宁增值税专用发票
发票联

No 06994920

开票日期：2022 年 12 月 18 日

购货单位	名　　　称：	永兴顺钢构有限公司	密码区	略
	纳税人识别号：	2100200602193721		
	地 址、电 话：	沈阳市于洪区天山路188号　88509829		
	开户行及账号：	建行于洪支行　　200308659940		

货物或应税劳务名称	规格型号	单位	数量	单价	金额	税率	税额
工作服		套	60	101.00	6 060.00	13%	787.80
合计					￥6 060.00		￥787.80

价税合计(大写)	⊗陆仟捌佰肆拾柒圆捌角整	(小写) ￥6 847.80

销售单位	名　　　称：	欣欣服装加工厂	备注	（欣欣服装加工厂 2101053766365 发票专用章）
	纳税人识别号：	2101053766365		
	地 址、电 话：	沈阳市于洪区大明湖街100号　24319857		
	开户行及账号：	农行锦绣分理处　　41007850324		

收款人： 　　　复核： 　　　开票人：杜丽颖 　　　销货单位：(章)

第三联 发票联 购货方记账凭证

业务41-3

材料入库单

年　月　日

名称	规格	单位	数量		实际成本			
			应收	实收	买价		运杂费	其他	合计
					单价	金额			
合计									

主管：张天宝　　检验员：窦若溪　　保管员：钱胜利　　会计：

业务41-4

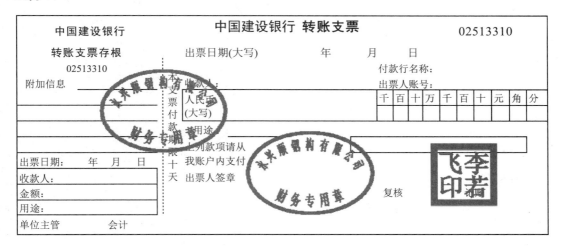

业务42-1

沈阳市行政事业单位统一收费收据 No 36087510

2022年12月18日

今收到 永兴顺钢构有限公司

交来 希望工程捐款

人民币(大写) 壹万元整   ￥10 000.00

收款单位：(盖章)   收款人 林琳   交款人 姜雷

第三联 记账联

业务42-2

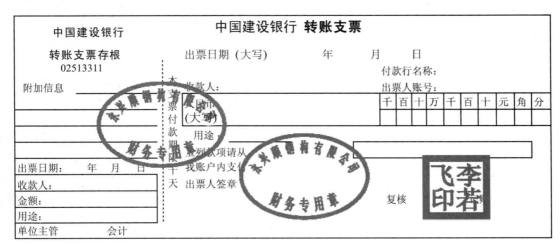

业务43

沈阳市行政事业单位统一收费收据 No 1085609

2022年12月19日

今收到 永兴顺钢构有限公司

交来 员工培训费

人民币(大写) 玖佰元整　　　　　￥900.00

收款单位：(盖章) 财务专用章　　收款人 王慧　　　　交款人 王丽丽

第三联 收据

业务44-1

费用报销审批单

部门：采购部　　　　2022年12月20日

经手人		范明辉		事项		大连飞鹤材料款	
项目				金额		付款方式	备注
材料款				50 000.00		电汇	
合计				50 000.00			
公司领导		部门领导		财务主管		出纳	经手人
李若飞		张天宝					范明辉

业务44-2

中国建设银行 电汇凭证(回 单)　1

委托日期：　　年　月　日

汇款人	全称			收款人	全称			
	账号				账号			
	汇出地点	省　　市/县			汇入地点	省　　市/县		
汇出行名称				汇入行名称				
金额	人民币(大写)				亿 千 百 十 万 千 百 十 元 角 分			

附加信息及用途：

汇出行签章　　　　　　　　　　复核　　记账

此联汇出行给汇款人的回单

（盖章：中国建设银行沈阳于洪支行 业务受理章）

业务44-3

中国建设银行收费凭证

2022 年 12 月 20 日

户名	永兴顺钢构有限公司	开户银行	建行于洪支行					
账号	200308659940	收费种类	电汇手续费					
凭证种类	单价	数量	金额					
			万	千	百	十	元	角	分
电汇手续费							5	5	0
人民币(大写)	伍元伍角整		￥				5	5	0

1. 客户购买凭证时在"收费种类"栏填写所购凭证名称。
2. 客户在办理结算业务时，在"收费种类"栏分别填写手续费或邮电费，在"凭证种类"栏填写办理的方式。

复核：　　　　　记账：

（盖章：中国建设银行沈阳于洪支行 转讫）

业务45

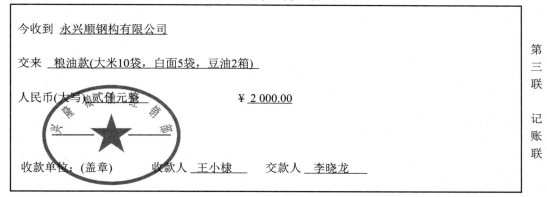

收 据　　No 260120

2022年 12月 21日

今收到　永兴顺钢构有限公司

交来　粮油款(大米10袋，白面5袋，豆油2箱)

人民币(大写)　贰仟元整　　　¥ 2 000.00

收款单位：(盖章)　　收款人 王小棣　　交款人 李晓龙

第三联　记账联

业务46-1

辽宁省增值税专用发票
发票联

No 35058720

开票日期：2022年12月22日

购货单位	名称	永兴顺钢构有限公司	密码区	略
	纳税人识别号	210020060219372 1		
	地址、电话	沈阳市于洪区天山路188号　88508299		
	开户行及账号	建行于洪支行　200308659940		

货物或应税劳务名称	规格型号	单位	数量	单价	金额	税率	税额
包装箱		吨	10	400	4 000.00	13%	420.00
包装膜		吨	15	300	4 500.00	13%	585.00
合计					¥ 8 500.00		¥ 1 005.00

价税合计(大写)	⊗ 玖仟伍佰零伍圆整	(小写) ¥9 505.00

销售单位	名称	沈阳市大发包装箱加工厂	备注	沈阳市大发包装箱加工厂 2101053788936 发票专用章
	纳税人识别号	2101053788936		
	地址、电话	沈阳市于洪区太湖街10号　24314568		
	开户行及账号	农行于洪分理处　41007865243		

收款人：　　复核：　　开票人：范婷婷　　销货单位：(章)

第三联　发票联购货方记账凭证

业务46-2

材料入库单

年　月　日

名称	规格	单位	数量		实际成本			
^	^	^	应收	实收	买价		运杂费	其他	合计
^	^	^	^	^	单价	金额	^	^	^
合计									

主管：张天宝　　　检验员：窦若溪　　　保管员：钱胜利　　　会计：

业务46-3

货物运输业增值税专用发票

发票联　　　　　　　　　　　　　　№ 23011050

开票日期：2022年12月22日

承运人	千里行物流有限责任公司		密码区	略
实际受票方	永兴顺钢构有限公司			
收货人	永兴顺钢构有限公司		发货人	永兴顺钢构有限公司
起运地、经由、到达地			沈阳市—沈阳市	
费用项目及金额	费用项目	金额	运输货物信息	包装材料
^	运输费用	458.72	^	^
合计金额	¥458.72	税率	9%	税额	¥41.28
价税合计(大写)	⊗伍佰圆整			(小写)¥500.00
主管税务机关	沈阳市税务局		备注	

收款人：刘冰　　　复核人：赵瑞松　　　开票人：孙晓宁　　　承运人：(章)

业务46-4

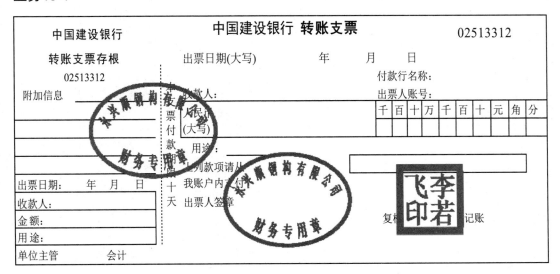

业务47-1

销售发票通知单

№ 1208

2022年12月22日

购货单位	名称	沈阳市天虹加工厂			纳税人登记号									2100314538678							
	地址、电话	沈阳市于洪区鄱阳湖街100号 31669650			开户银行及账号									建行于洪支行 32064825451							
货物或应税劳务名称		计量单位	数量	单价	金额								税率(%)	税额							
					十	万	千	百	十	元	角	分		万	千	百	十	元	角	分
涂料		吨	0.9	3 150			2	8	3	5	0	0	13			3	6	8	5	5
合计							2	8	3	5	0	0				3	6	8	5	5
价税合计(大写)			叁仟贰佰零叁元伍角伍分											¥3 203.55							
合同号		XS12008			销货人员			张玲					会计								
销售产品发货单号		TL1201			销售主管			邵春风					制单				张玲				
备注					收到转账支票和现金																

注：本单据不作为原始凭证。

业务47-2

辽宁增值税专用发票
记账联

No 02312201

开票日期：

购货单位	名　　称：	密码区	略
	纳税人识别号：		
	地址、电话：		
	开户行及账号：		

货物或应税劳务名称	规格型号	单位	数量	单价	金额	税率	税额
合计							

价税合计(大写)		(小写)

销售单位	名　　称：	永兴顺钢构有限公司	备注	（永兴顺钢构有限公司 2100200602193721 发票专用章）
	纳税人识别号：	2100200602193721		
	地址、电话：	沈阳市于洪区天山路188号　88508299		
	开户行及账号：	建行于洪支行　200308659940		

收款人：　　　复核：　　　开票人：孙中华　　　销货单位：(章)

第一联 记账联 销货方记账凭证

业务47-3

出　库　单

购货单位：天虹加工厂　　　　　年　月　日　　　　　编号：TL1201

产品编号	产品名称	规格型号	单位	数量	单位成本	总成本
	涂料		吨	0.90		
	合计			0.90		

主管：邵春风　　保管员：钱胜利　　提货人：张爱国　　会计：

业务47-4

中国建设银行进账单(收账通知)　3

年　月　日

出票人	全称		收款人	全称										
	账号			账号										
	开户银行			开户银行										
金额	人民币(大写)				亿	千	百	十	万	千	百	十	元	角	分
票据种类		票据张数													
票据号码															
	复核　　记账			收款人开户银行盖章　年　月　日											

（中国建设银行沈市于洪支行　转讫）

此联是收款人开户银行交给收款人的收账通知

业务47-5

中国建设银行 转账支票		02353115

出票日期(大写) 贰零贰贰年壹拾贰月贰拾贰日

付款行名称：建行于洪支行
出票人账号：32064825451

收款人：永兴顺钢构有限公司

人民币(大写)：叁仟元整

千	百	十	万	千	百	十	元	角	分
				¥	3	0	0	0	0

用途：购货款

上列款项请从我账户内支付

出票人签章

复核　　记账

本支票付款期限十天

注：本单据不做原始凭证。

业务47-6

附加信息：	被背书人	被背书人	贴粘单处
	背书人签章 年　月　日	背书人签章 年　月　日	

业务47-7

收　据　　　字 No 0372210

年　月　日

今收到

交来

人民币(大写)　　　　　　　　　　　　¥

收款单位：(盖章)　　收款人：　　　交款人：

第三联 收据

业务48

科目汇总表

年　月　日　　　　　　　　　　　　编号

科目代码	科目名称	借方发生额	贷方发生额
合计			

业务49

试算平衡表

年　月　日

科目名称	期初余额		本期发生额		期末余额	
	借方	贷方	借方	贷方	借方	贷方
合计						

业务50-1

费用报销审批单

部门：机修车间　　　　　　　　　　2022年12月27日

经手人		王丽丽	事项		水费	
	项目		金额	付款方式		备注
	水费		888.00	委托收款		
	合计		888.00			
公司领导		部门领导	财务主管	出纳		经手人
李若飞		江涛				王丽丽

业务50-2

各部门用水量记录

2022年12月27日

使用部门	单位	用水量
一车间		60
二车间		80
机修车间		20
管理部门		40
合计	吨	200

部门主管：邵春风　　　　　　　　　　制单：李胜东

业务50-3

各部门用水分配表

2022年12月27日

使用部门	用水量	单价	分配金额
一车间	60		
二车间	80		
机修车间	20		
管理部门	40		
合计	200		

财务主管：　　　　　　　　　　制单：

业务50-4

辽宁增值税专用发票

№ 04521625

发票联

开票日期：2022年12月27日

购货单位	名　　称：永兴顺钢构有限公司 纳税人识别号：2100200602193721 地址、电话：沈阳市于洪区天山路188号　88508299 开户行及账号：建行于洪支行　200308659940	密码区	略

货物或应税劳务名称	规格型号	单位	数量	单价	金额	税率	税额
水费		吨	200	4	800.00	1%	88.00
合计					￥800.00		￥88.00

价税合计(大写)　⊗捌佰捌拾捌圆整　　　　　　　(小写)￥888.00

销售单位	名　　称：沈阳市水务集团于洪分公司 纳税人识别号：2101051621038 5 地址、电话：沈阳市于洪区微山湖街1号　24316666 开户行及账号：建行于洪分理处　200398753618	备注	（沈阳市水务集团于洪分公司 2101051621038 5 发票专用章）

收款人：　　　　复核：　　　　开票人：梅雪　　　　销货单位：(章)

业务50-5

托收凭证(付款通知)　　5

委托日期：2022年12月27日

业务类型	委托收款(□邮划　□电划)　　托收承付(□邮划　□电划)														
付款人	全称	永兴顺钢构有限公司	收款人	全称	沈阳市水务集团于洪分公司									
	账号	200308659940		账号	200398753618									
	地址	辽宁省沈阳市	开户行	建行于洪支行		地址	辽宁省沈阳市	开户行	建行于洪分理处						
金额	人民币(大写)	捌佰捌拾捌元整		亿	千	百	十	万	千	百	十	元	角	分
									￥	8	8	8	0	0
款项内容	水费	托收票据名称	增值税专用发票	附寄单证张数	2								
商品发运情况			合同名称号码											
备注：		款项收妥日期 年　月　日	中国建设银行 沈阳于洪支行 付款人开户银行签章 结算专用章										
复核　　记账													

业务51-1

费用报销审批单

部门：机修车间　　　　2022年12月27日

经手人	王丽丽	事项		电费	
项目		金额	付款方式	备注	
电费		27 231.00	委托收款		
合计		27 231.00			
公司领导	部门领导	财务主管	出纳	经手人	
李若飞	江涛			王丽丽	

业务51-2

各部门用电量记录

2022年12月27日

使用部门	单位	用电量
一车间		5 000
二车间		4 400
机修车间		2 600
管理部门		3 000
合计	度	15 000

部门主管：邵春风　　　　　　　　制单：李胜东

业务51-3

各部门用电分配表

2022年12月27日

使用部门	用电量	单价	分配金额
一车间	5 000		
二车间	4 400		
机修车间	2 600		
管理部门	3 000		
合计	15 000		

财务主管：　　　　　　　　　　　制单：

业务51-4

辽宁增值税专用发票
发票联

No 06762545

开票日期：2022年12月27日

<table>
<tr><td rowspan="3">购货单位</td><td>名　　称：</td><td colspan="2">永兴顺钢构有限公司</td><td rowspan="3">密码区</td><td rowspan="3">略</td><td rowspan="3">第三联 发票联 购货方记账凭证</td></tr>
<tr><td>纳税人识别号：</td><td colspan="2">2100200602193721</td></tr>
<tr><td>地址、电话：</td><td colspan="2">沈阳市于洪区天山路188号　88508299</td></tr>
<tr><td></td><td>开户行及账号：</td><td colspan="2">建行于洪支行　200308659940</td></tr>
</table>

货物或应税劳务名称	规格型号	单位	数量	单价	金额	税率	税额
电费		度	15 000	1.606 549	24 098.23	13%	3 132.77
合计					¥24 098.23		¥3 132.77

价税合计（大写）	⊗ 贰万柒仟贰佰叁拾壹圆整	（小写）¥27 231.00

<table>
<tr><td rowspan="4">销售单位</td><td>名　　称：</td><td>沈阳电力公司于洪分公司</td><td rowspan="4">备注</td><td rowspan="4">（沈阳电力公司于洪分公司
2101052407683
发票专用章）</td></tr>
<tr><td>纳税人识别号：</td><td>2101052407683</td></tr>
<tr><td>地址、电话：</td><td>沈阳市于洪区微山湖街10号　24318850</td></tr>
<tr><td>开户行及账号：</td><td>建行于洪分理处　200398754624</td></tr>
</table>

收款人：　　　复核：　　　开票人：厉雪　　　销货单位：（章）

业务51-5

托收凭证(付款通知)　　　5

委托日期：2022年12月27日

业务类型	委托收款（□邮划　□电划）	托收承付（□邮划　□电划）

<table>
<tr><td rowspan="3">付款人</td><td>全称</td><td colspan="2">永兴顺钢构有限公司</td><td rowspan="3">收款人</td><td>全称</td><td colspan="2">沈阳电力公司于洪分公司</td></tr>
<tr><td>账号</td><td colspan="2">200308659940</td><td>账号</td><td colspan="2">200398754624</td></tr>
<tr><td>地址</td><td>辽宁省沈阳市</td><td>开户行</td><td>建行于洪支行</td><td>地址</td><td>辽宁省沈阳市</td><td>开户行</td><td>建行于洪分理处</td></tr>
</table>

金额	人民币（大写）	贰万柒仟贰佰叁拾壹元整	亿	千	百	十	万	千	百	十	元	角	分
						¥	2	7	2	3	1	0	0

款项内容	电费	托收票据名称	增值税专用发票	附寄单证张数	2

商品发运情况		合同名称号码	

备注：　　　　　　　　　　　　　　　　　　中国建设银行
　　　　　　　　　　　　　　　　　　　　　沈阳于洪支行
　　　　　　款项收妥日期　　　　　　　　付款人开户银行签章

　　复核　记账　　　　年　月　日　　　　（结算专用章）

业务52-1

费用报销审批单

部门：办公室　　　　　　2022年12月28日

经手人	王丽丽	事项		电费	
项目		金额	付款方式	备注	
电话费		1 050.00	委托收款		
合计		1 050.00			
公司领导	部门领导	财务主管	出纳	经手人	
李若飞	江涛			王丽丽	

业务52-2

中国联合网络通信有限公司辽宁省分公司
电信业专用发票
发票联

单位：永兴顺钢构有限公司	2022年12月28日	发票号：02445502

用户号：	电话号码：88508299
上次缴费余额：0.00	市内小计：430.00
国内长途小计：420.00	国际长途小计：
漫游小计：	月租费：50.00
滞纳金：	IP话费：
新业务费：	信息使用费：150.00
金额	人民币(大写)：壹仟零伍拾元整　　　　　¥1 050.00

（中国联合网络通讯有限公司辽宁省分公司 发票专用章 2003120 01000）

业务52-3

托收凭证(付款通知) 5

委托日期：2022年12月28日

业务类型		委托收款(□邮划 □电划)		托收承付(□邮划 □电划)		
付款人	全称	永兴顺钢构有限公司	收款人	全称	中国联合网络通信有限公司 沈阳市分公司	
	账号	200308659940		账号	200312001000	
	地址	辽宁省沈阳市	开户行	建行于洪支行	地址	辽宁省沈阳市	开户行	建行沈阳分行
金额	人民币(大写)	壹仟零伍拾元整	亿 千 百 十 万 千 百 十 元 角 分 ¥ 1 0 5 0 0 0			
款项内容	电话费	托收票据名称	电信业专用发票	附寄单证张数	1	
商品发运情况			合同名称号码			

备注：

款项收妥日期　　年　月　日

复核　　记账

(中国建设银行沈阳于洪支行 付款人开户银行签章 结算专用章)

业务53-1

辽宁增值税普通发票
记账联

№ 06433004

开票日期：2022年12月28日

购买方	名　称：个人 纳税人识别号： 地址、电话： 开户行及账号：	密码区	略

货物或应税劳务、服务名称	规格型号	单位	数量	单价	金额	税率	税额
打印机	HP 1020	个	1	530.97	530.97	13%	69.03
合计					¥530.97		¥69.03

价税合计(大写)	⊗ 陆佰圆整	(小写)¥600.00

销售方	名　称：永兴顺钢构有限公司 纳税人识别号：2100200602193721 地址、电话：沈阳市于洪区天山路188号　8508299 开户行及账号：建行于洪支行　200308659940	备注	(永兴顺钢构有限公司 2100200602193721 发票专用章)

收款人：张林　　复核人：王宁　　开票人：孙中华　　销售方：(章)

第一联 记账联 销售方记账凭证

业务53-2

固定资产清理单

2022年12月28日　　　　　　　　　　　　　　　编号：001

编号	名称	单位	数量	预计使用年限	已使用年限	原始价值	已提折旧	清理原因
4001025	打印机	台	1	36个月	30个月	1 400.00	1 113.00	闲置
处理意见	使用部门		技术部门		固定资产管理部门		主管部门审批	
	王宁		杜雨霏		王丽丽		李若飞	

部门负责人：王宁　　　　　　　　　　　　　　　制表：孙中华

业务53-3

固定资产清理情况

2022年12月28日　　　　　　　　　　　　　　　编号：001

编号	名称	单位	数量	预计使用年限	已使用年限	原始价值	已提折旧	设备净值
4001025	打印机	台	1	36个月	30个月	1 400.00	1 113.00	287.00
				清理原因	清理费用	清理收入	清理净收益	清理净损失
				闲置		600.00		

部门负责人：王宁　　　　　　　　　　　　　　　制表：孙中华

业务54-1

固定资产折旧计算表

2022年12月29日

部门	管理费用	制造费用	辅助生产成本	销售费用	总计
办公室					
会计部					
人力资源部					
设计部					
采购部					
销售部					
质检部					
制造部					
加工车间					
喷涂车间					
机修车间					
合计					

部门负责人：　　　　　　　　　　　　　　　　　制表：

业务54-2

固定资产清单

2022年12月29日

固定资产编号	名称	所在部门	类别	单位	数量	可使用年限	开始使用日期	原值	已提月份	至上月累计折旧	本月计提折旧	月折旧率
1001001	办公楼	办公室	10	平方米	700	25	2020年6月9日	300 000	29	23 490	810	0.0027
1001002	厂房	加工车间	10	平方米	500	25	2020年6月9日	250 000	29	19 575	675	0.0027
1001003	厂房	喷涂车间	10	平方米	500	25	2020年6月9日	220 000	29	17 226	594	0.0027
1001004	厂房	机修车间	10	平方米	100	25	2020年6月9日	50 000	29	3 915	135	0.0027
1005001	原料库	采购部	10	平方米	300	25	2020年6月9日	70 000	29	5 481	189	0.0027
1006001	成品库	销售部	10	平方米	400	25	2020年6月9日	80 000	29	6 264	216	0.0027
2009001	剪板机	加工车间	20	台	1	15	2020年6月17日	350 000	29	81 200	2 800	0.008
2009002	车床	加工车间	20	台	1	15	2020年6月17日	160 000	29	37 120	1 280	0.008
2009003	车床	加工车间	20	台	1	15	2020年6月17日	100 000	29	23 200	800	0.008
2010001	喷涂设备	喷涂车间	20	套	1	15	2020年6月17日	150 000	29	34 800	1 200	0.008
2011001	专用工具	机修车间	20	套	1	5	2020年6月17日	30 000	29	23 055	795	0.0265
2011002	维修设备	机修车间	20	套	1	10	2020年6月17日	110 000	29	25 520	880	0.008
3001001	轿车	办公室	30	辆	1	8	2020年6月25日	148 000	29	42 920	1 480	0.01
3009001	货车	加工车间	30	辆	1	8	2020年9月24日	75 000	26	19 500	750	0.01
3009002	货车	喷涂车间	30	辆	1	8	2020年12月25日	75 000	23	17 250	750	0.01
4001001-3	计算机	办公室	40	台	3	5	2020年6月9日	9 000	29	6 916.5	238.5	0.0265
4001004-7	计算机	会计部	40	台	4	5	2020年6月9日	12 000	29	9 222	318	0.0265
4001008-9	计算机	人力资源部	40	台	2	5	2020年9月10日	6 000	26	4 134	159	0.0265
4001010-11	计算机	设计部	40	台	2	5	2020年6月9日	6 000	29	4 611	159	0.0265
4001012-14	计算机	采购部	40	台	3	5	2020年9月10日	9 000	26	6 201	238.5	0.0265
4001015-16	计算机	销售部	40	台	2	5	2020年6月9日	6 000	29	4 611	159	0.0265
4001017-18	计算机	质检部	40	台	2	5	2020年6月9日	6 000	29	4 611	159	0.0265
4001019-20	计算机	制造部	40	台	2	5	2020年6月9日	6 000	29	4 611	159	0.0265
4001021	计算机	加工车间	40	台	1	5	2020年6月9日	3 000	29	2 305.5	79.5	0.0265
4001022	计算机	喷涂车间	40	台	1	5	2020年6月9日	3 000	29	2 305.5	79.5	0.0265
4001023	计算机	机修车间	40	台	1	5	2020年6月9日	3 000	29	2 305.5	79.5	0.0265
4001024	打印机	会计部	40	台	1	3	2020年6月9日	1 400	29	1 075.9	37.1	0.0265
4001025	打印机	办公室	40	台	1	3	2020年6月9日	1 400	29	1 075.9	37.1	0.0265
合计								2 239 800		434 501.8	15 256.7	

部门负责人： 制表：

业务55-1

工资计算表

2022年12月29日

部门	姓名	岗位	类别	基本工资	岗位津贴	奖金	通信费	应发合计	社会保险 养老	社会保险 医疗	社会保险 失业	住房公积金	个人所得税	实发合计
办公室	李若飞	总经理	企业管理	4 500	500	1 000	300	6 300	504	126	31.5	696	43.28	4 899.22
办公室	姜雷	主任	企业管理	3 500	500	1 000	200	5 200	416	104	26	564	17.7	4 072.30
办公室	王丽丽	行政管理	企业管理	2 500	500	800		3 800	304	76	19	408		2 993.00
办公室	李晓龙	后勤兼司机	企业管理	1 800	500	800	100	3 200	256	64	16	336		2 528.00
会计部	王宁	部门经理	企业管理	3 500	500	1 000	200	5 200	416	104	26	564	17.7	4 072.30
会计部	王海涛	制单会计	企业管理	2 500	500	800		3 800	304	76	19	408		2 993.00
会计部	孙中华	记账会计	企业管理	2 500	500	800		3 800	304	76	19	408		2 993.00
会计部	张林	出纳	企业管理	2 200	500	800		3 500	280	70	17.5	372		2 760.50
人力资源部	吴岩	部门经理	企业管理	3 500	500	1 000	200	5 200	416	104	26	564	17.7	4 072.30
人力资源部	萧岩	人事管理	企业管理	2 000	500	800		3 300	264	66	16.5	348		2 605.50
设计部	龙云飞	部门经理	企业管理	3 500	500	1 000	200	5 200	416	104	26	564	17.7	4 072.30
设计部	寇云石	设计员	企业管理	2 800	500	800		4 100	328	82	20.5	444		3 225.50
采购部	张天宝	部门经理	企业管理	3 500	500	1 000	200	5 200	416	104	26	564	17.7	4 072.30
采购部	范明辉	采购员	采购管理	2 000	500	800		3 300	264	66	16.5	348		2 605.50
采购部	钱胜利	保管员	采购管理	1 800	500	800		3 100	248	62	15.5	324		2 450.50
销售部	邵春风	部门经理	销售管理	3 500	500	1 000	200	5 200	416	104	26	564	17.7	4 072.30
销售部	张玲	销售员	销售管理	2 800	500	800		4 100	328	82	20.5	444		3 225.50
质检部	杜雨霏	部门经理	企业管理	3 500	500	1 000	200	5 200	416	104	26	564	17.7	4 072.30
质检部	窦若溪	质检员	企业管理	2 500	500	800		3 800	304	76	19	408		2 993.00
制造部	白云飞	部门经理	企业管理	3 500	500	1 000	200	5 200	416	104	26	564	17.7	4 072.30
制造部	唐若曦	生产计划	企业管理	2 000	500	800		3 300	264	66	16.5	348		2 605.50

(续表)

部门	姓名	岗位	类别	基本工资	岗位津贴	奖金	通信费	应发合计	社会保险 养老	社会保险 医疗	社会保险 失业	住房公积金	个人所得税	实发合计
一车间	李彦波	车间主任	车间管理	3 500	800	1 000	200	5 500	440	110	27.5	600	24.68	4 297.82
一车间	张爽	工人兼内勤	基本生产	2 000	500	800		3 300	264	66	16.5	348		2 605.50
一车间	赵天德	高级工人	基本生产	2 500	500	800		3 800	304	76	19	408		2 993.00
一车间	张震明	高级工人	基本生产	2 500	500	800		3 800	304	76	19	408		2 993.00
一车间	季风佳	工人	基本生产	1 800	500	800		3 100	248	62	15.5	324		2 450.50
一车间	罗宇双	工人	基本生产	1 800	500	800		3 100	248	62	15.5	324		2 450.50
一车间	付子豪	工人	基本生产	1 800	500	800		3 100	248	62	15.5	324		2 450.50
一车间	李祥云	工人	基本生产	1 800	500	800		3 100	248	62	15.5	324		2 450.50
一车间	周爱国	工人	基本生产	1 800	500	800		3 100	248	62	15.5	324		2 450.50
一车间	孙嘉嘉	工人	基本生产	1 800	500	800		3 100	248	62	15.5	324		2 450.50
一车间	吕红来	工人	基本生产	1 800	500	800		3 100	248	62	15.5	324		2 450.50
二车间	刘洪宇	车间主任	车间管理	3 500	800	1 000	200	5 500	440	110	27.5	600	24.68	4 297.82
二车间	安静	工人兼内勤	基本生产	2 000	500	800		3 300	264	66	16.5	348		2 605.50
二车间	齐笑天	高级工人	基本生产	2 500	500	800		3 800	304	76	19	408		2 993.00
二车间	萧春阳	工人	基本生产	1 800	500	800		3 100	248	62	15.5	324		2 450.50
二车间	花瑞	工人	基本生产	1 800	500	800		3 100	248	62	15.5	324		2 450.50
二车间	袁春阳	工人	基本生产	1 800	500	800		3 100	248	62	15.5	324		2 450.50
二车间	康健	工人	基本生产	1 800	500	800		3 100	248	62	15.5	324		2 450.50
二车间	陈峰松	工人	基本生产	1 800	500	800		3 100	248	62	15.5	324		2 450.50
机修车间	江涛	车间主任	辅助生产	3 500	800	1 000	200	5 500	440	110	27.5	600	24.68	4 297.82
机修车间	杨斌	设备维护	辅助生产	1 800	500	800		3 100	248	62	15.5	324		2 450.50
机修车间	郭风	设备维护	辅助生产	1 800	500	800		3 100	248	62	15.5	324		2 450.50
合计				107 100	22 400	36 800	2 600	168 900	13 512	3 378	844.5	18 060	258.92	132 846.58

部门负责人： 制表：

业务55-2

工资汇总表

2022年12月29日

部门	管理费用	制造费用	基本生产成本	辅助生产成本	销售费用	总计
办公室						
会计部						
人力资源部						
设计部						
采购部						
销售部						
质检部						
制造部						
加工车间						
喷涂车间						
机修车间						
合计						

部门负责人： 制表：

业务55-3

工资分配表

2022年12月29日

应借科目		分配标准（工时）	分配率	分配金额	合计
生产成本——基本生产成本（一车间）	A产品				
	B产品				
	小计				
生产成本——基本生产成本（二车间）	A产品				
	B产品				
	小计				
制造费用	一车间				
	二车间				
	小计				
生产成本——辅助生产成本					
销售费用——职工薪酬					
管理费用——职工薪酬					
合计					

部门负责人： 制表：

业务55-4

车间生产工时表

2022年12月29日

部门	产品	工时	备注
一车间	A产品	11 000	
	B产品	5 000	
小计		16 000	
二车间	A产品	9 000	
	B产品	7 000	
小计		16 000	
合计		32 000	

审核：白云飞　　　　　　　　　　　　　制表：唐若曦

业务56

单位负担的工会经费、职工教育经费分配表

2022年12月29日

应借科目		工资总额	工会经费(2%)	职工教育经费(2.5%)
生产成本——基本生产成本（一车间）	A产品			
	B产品			
	小计			
生产成本——基本生产成本（二车间）	A产品			
	B产品			
	小计			
制造费用	一车间			
	二车间			
	小计			
生产成本——辅助生产成本				
销售费用——职工薪酬				
管理费用——职工薪酬				
合计				

部门负责人：　　　　　　　　　　　　　制表：

业务57

单位负担的社会保险、住房公积金分配表

2022年12月30日

应借科目		工资总额	社会保险费(30.5%)	住房公积金(12%)
生产成本——基本生产成本(一车间)	A产品			
	B产品			
	小计			
生产成本——基本生产成本(二车间)	A产品			
	B产品			
	小计			
制造费用	一车间			
	二车间			
	小计			
生产成本——辅助生产成本				
销售费用——职工薪酬				
管理费用——职工薪酬				
合计				

部门负责人： 制表：

业务58-1

借 款 单

2022年 12月 30日

借款部门	办公室	借款人	王丽丽
借款金额	人民币(大写)壹万贰仟玖佰元整	¥12 900.00	
借款用途	购买福利食品(转账支票)		
单位负责人	李若飞	部门负责人	姜雷
财务负责人		出纳	

业务58-2

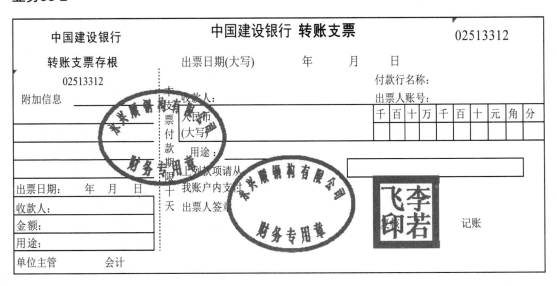

业务58-3

费用报销审批单

部门：办公室　　　　　　　　　　　　　　　　2022年12月30日

经手人	王丽丽	事项	购买副食品	
项目		金额	付款方式	备注
副食品		12 900.00	转账支票	
合计		12 900.00		
公司领导	部门领导	财务主管	出纳	经手人
李若飞	姜雷			王丽丽

业务58-4

辽宁增值税专用发票
发票联

No 03254688

开票日期：2022年12月30日

购货单位	名　　称：	永兴顺钢构有限公司	密码区	略
	纳税人识别号：	2100200602193721		
	地址、电话：	沈阳市于洪区天山路188号　88508299		
	开户行及账号：	建行于洪支行　200308659940		

货物或应税劳务名称	规格型号	单位	数量	单价	金额	税率	税额
食品		套	43	265.486 72	11 415.93	13%	1 484.07
合计					¥11 415.93		¥1 484.07

价税合计(大写)	⊗壹万贰仟玖佰圆整	（小写）　¥12 900.00

销售单位	名　　称：	沈阳天福食品有限公司	备注	（沈阳天福食品有限公司 2101 0045369875 发票专用章）
	纳税人识别号：	21010045369875		
	地址、电话：	沈阳市大东区工农街100号　88485678		
	开户行及账号：	工行东北支行　45073621870		

收款人：　　　　　复核：　　　　开票人：金冠英　　　　销货单位：(章)

第三联　发票联购货方记账凭证

业务58-5

福利费发放表

2022年12月30日

序号	部门	姓名	岗位	类别	数量	金额	签名
1	办公室	李若飞	总经理	企业管理	1	300	
2	办公室	姜雷	主任	企业管理	1	300	
3	办公室	王丽丽	行政管理	企业管理	1	300	
4	办公室	李晓龙	后勤兼司机	企业管理	1	300	
5	会计部	王宁	部门经理	企业管理	1	300	
6	会计部	王海涛	制单会计	企业管理	1	300	
7	会计部	孙中华	记账会计	企业管理	1	300	
8	会计部	张林	出纳	企业管理	1	300	
9	人力资源部	吴岩	部门经理	企业管理	1	300	
10	人力资源部	萧岩	人事管理	企业管理	1	300	
11	设计部	龙云飞	部门经理	企业管理	1	300	
12	设计部	寇云石	设计员	企业管理	1	300	
13	采购部	张天宝	部门经理	企业管理	1	300	
14	采购部	范明辉	采购员	采购管理	1	300	
15	采购部	钱胜利	保管员	采购管理	1	300	
16	销售部	邵春风	部门经理	销售管理	1	300	
17	销售部	张玲	销售员	销售管理	1	300	
18	质检部	杜雨霏	部门经理	企业管理	1	300	
19	质检部	窦若溪	质检员	企业管理	1	300	
20	制造部	白云飞	部门经理	企业管理	1	300	
21	制造部	唐若曦	生产计划	企业管理	1	300	
22	一车间	李彦波	车间主任	车间管理	1	300	
23	一车间	张爽	工人兼内勤	基本生产	1	300	
24	一车间	赵天德	高级工人	基本生产	1	300	
25	一车间	张震明	高级工人	基本生产	1	300	
26	一车间	季风佳	工人	基本生产	1	300	
27	一车间	罗宇双	工人	基本生产	1	300	
28	一车间	付子豪	工人	基本生产	1	300	
29	一车间	李祥云	工人	基本生产	1	300	
30	一车间	周爱国	工人	基本生产	1	300	
31	一车间	孙嘉嘉	工人	基本生产	1	300	
32	一车间	吕红来	工人	基本生产	1	300	
33	二车间	刘洪宇	车间主任	车间管理	1	300	
34	二车间	安静	工人兼内勤	基本生产	1	300	
35	二车间	齐笑天	高级工人	基本生产	1	300	
36	二车间	萧春阳	工人	基本生产	1	300	
37	二车间	花瑞	工人	基本生产	1	300	
38	二车间	袁春阳	工人	基本生产	1	300	
39	二车间	康健	工人	基本生产	1	300	
40	二车间	陈峰松	工人	基本生产	1	300	
41	机修车间	江涛	车间主任	辅助生产	1	300	
42	机修车间	杨斌	设备维护	辅助生产	1	300	
43	机修车间	郭风	设备维护	辅助生产	1	300	
	合计				43	12 900	

审核：姜雷　　　　　　　　　　　　　　制表：王丽丽

业务58-6

福利费分配表
2022年12月30日

应借科目		分配标准（工时）	分配率	分配金额	合计
生产成本——基本生产成本（一车间）	A产品				
	B产品				
	小计				
生产成本——基本生产成本（二车间）	A产品				
	B产品				
	小计				
制造费用	一车间				
	二车间				
	小计				
生产成本——辅助生产成本					
销售费用——职工薪酬					
管理费用——职工薪酬					
合计					

部门负责人： 　　　　　　　　　　　　制表：

业务59-1

机修工时耗用量
2022年12月31日

部门	单位	耗用量
一车间	小时	200
二车间	小时	200
厂部	小时	100
合计	小时	500

部门负责人：江涛 　　　　　　　　　制表：杨斌

业务59-2

辅助生产成本分配表
2022年12月31日

部门	耗用工时/小时	分配率	分配金额
一车间			
二车间			
厂部			
合计			

部门负责人： 　　　　　　　　　　　制表：

业务60-1

制造费用分配表

部门：   2022年12月31日   单位：元

产品名称	分配标准(工时)	分配率(单位成本)	分配金额
合计			

部门负责人：   制表：

业务60-2

制造费用分配表

部门：   2022年12月31日   单位：元

产品名称	分配标准(工时)	分配率(单位成本)	分配金额
合计			

部门负责人：   制表：

业务61-1

产品入库单

2022年12月31日

产品编号	产品名称	计量单位	实收数量	单位成本	总成本	备注
	A产品	吨	132			
	B产品	吨	40			
合计			172			

主管：邵春风   保管：张玲   交库：唐若曦   会计：

业务61-2

月末在产品盘存表

2022年12月31日

产品名称	计量单位	数量	完工程度
A产品	吨	65	20%
B产品	吨	20	30%
合计		85	

部门负责人：邵春风　　　　　　　　　　　　　　制表：张玲

业务61-3

完工产品与月末在产品成本分配表

产品：　　　　　　　　2022年12月31日　　　　　　　　单位：元

成本项目	月初在产品成本	本月生产费用	合计	完工产品产量	月末在产品约当产量	单位成本	月末在产品成本	完工产品成本
直接材料								
直接人工								
制造费用								
合计								

部门负责人：　　　　　　　　　　　　　　　　制表：

业务61-4

完工产品与月末在产品成本分配表

产品：　　　　　　　　2022年12月31日　　　　　　　　单位：元

成本项目	月初在产品成本	本月生产费用	合计	完工产品产量	月末在产品约当产量	单位成本	月末在产品成本	完工产品成本
直接材料								
直接人工								
制造费用								
合计								

部门负责人：　　　　　　　　　　　　　　　　制表：

业务61-5

完工产品成本汇总表

单位：元　　　　　　　　　　　2022年12月31日　　　　　　　　　　　附单据　　张

产品名称	计量单位	产量	直接材料	直接人工	制造费用	总成本	单位成本
合计							

部门负责人：　　　　　　　　　　　　　　　　　　制表：

业务62-1

产品出库汇总表

2022年12月31日

产品名称	规格型号	计量单位	出库数量	备注
合计				

部门负责人：　　　　　　　　　　　　　　　　　　制表：

业务62-2

发出产品成本计算表

2022年12月31日　　　　　　　　　　　　　　　　　单位：元

产品名称	期初结存产品成本			本月完工入库产品成本			本月发出产品成本			月末结存产品成本		
	数量	单位成本	总成本	数量	单位成本	总成本	数量	单位成本	总成本	数量	单位成本	总成本
合计												

部门负责人：　　　　　　　　　　　　　　　　　　制表：

业务63

借款利息计算表

年　月　日　　　　　　　　　　　　　单位：元

借款证号	计息期间	借款金额	借款利率	借款利息	已提利息	备注

部门负责人：　　　　　　　　　制表：

业务64

坏账准备计算表

2022年12月31日　　　　　　　　　　单位：元

逾期天数	应收账款账面余额	计提比例	计提金额	备注
31～90天		1%		
91～180天		2%		
181～360天		5%		
361～540天		10%		
541～720天		12%		
720天以上		15%		
合计				

业务65-1

财产清查报告单

2022年12月31日

第1703号

类别	财产名称规格	单位	单价	数量 账存	数量 实存	盘亏 数量	盘亏 金额	盘盈 数量	盘盈 金额	原因
	涂料	吨		25.1	24.8					保管不当
	合计									

主管：张天宝　　　保管员：钱胜利　　　财务负责人：　　　制单：

业务65-2

关于财产清查结果的报告

2022年12月31日

第1701号

公司董事会：
　　年终财产清查已经结束，清查结果见附表。根据《企业会计准则》和公司财务制度规定，对清查发现的盘亏材料拟做如下处理。
　　盘亏的材料属于保管不当，应由保管员赔偿。
　　特此报告，请批复。

会计部(公章)
2022年12月31日

业务65-3

材料盘亏(盈)处理通知单

2022年12月31日

第1702号

会计部：
　　经研究决定，本年末进行的财产清查中，材料盘亏的结果按照以下办法核销。
　　盘亏的材料属于保管不当，由保管员赔偿，转入其他应收款。

公司董事会(公章)
2022年12月31日

业务65-4

收　据

字 No 0372230

年　月　日

第三联 收据

今收到 _____

交来 _____

人民币
(大写)　　　　　　　　　　　￥

收款单位：(盖章)　　收款人：　　交款人：

业务66-1

应交增值税计算表

年 月 日至 月 日　　　　　　　　　　　单位：元

项目			销售额	税额	备注
销项	应税货物	货物名称	适用税率			
		小计				
	应税劳务					
	1					
	2					
进项	本期进项税额发生额				
	进项税额转出				
	1				
	2				
应纳税额					

业务66-2

应交城市维护建设税和教育费附加计算表

年 月 日至 月 日　　　　　　　　　　　单位：元

项目	计税基数		税率	应交城市维护建设税	税率	应交教育费附加
	增值税	消费税				
	1	2	3	4=(1+2)×3	5	6=(1+2)×5
城市维护建设税						
教育费附加						
地方教育费附加						
合计						

业务66-3

应交房产税、车船税、土地使用税、印花税计算表

年 月 日　　　　　　　　　　　单位：元

项目	计税依据	适用税率(额)	应交税额	备注
房产税				
车船税				
土地使用税				
印花税				
合计				

业务67

结转当期损益。

业务68

企业所得税计算表

年　月　日至　月　日　　　　　　　　　　　　　　单位：元

项目	行数	本月数
一、营业收入	1	
减：营业成本	2	
税金及附加	3	
销售费用	4	
管理费用	5	
财务费用	6	
加：公允价值变动收益(损失以"-"号填列)	7	
资产减值损失	8	
信用减值损失	9	
投资收益(损失以"-"号填列)	10	
资产处置收益	11	
二、营业利润(亏损以"-"号填列)	12	
加：营业外收入	13	
减：营业外支出	14	
其中：非流动资产处置损失	15	
三、利润总额(亏损总额以"-"号填列)	16	
加：纳税调整增加额	17	
减：纳税调整减少额	18	
四、应纳税所得额	19	
适用税率	20	
五、应纳所得税额	21	

会计机构负责人：　　　　　　　　制表：

业务69

结转本年利润。

业务70-1

董事会关于利润分配的决定

2022年12月31日

第1710号

会计部：

　　鉴于本年度企业经营较好，圆满达到年初经营目标。经研究决定，本年末以现金股利的形式向股东分配利润。

　　分配利润的基数为2022年全年实现的净利润，分配比例为当年净利润的40%，按照股东的持股比例进行发放。

公司董事会(公章)
2022年12月31日
董　事　会

业务70-2

利润分配计算表

年度

利润分配项目	计提基数	分配比例	分配金额
提取法定盈余公积			
股东分配利润			
其中：天兴公司			
永顺公司			
合计			

业务71

　　结转利润分配有关明细账户余额。

业务72-1

科目汇总表

年　月　日　　　　　　　　　　　　　编号

科目代码	科目名称	借方发生额	贷方发生额
合计			

业务72-2

试算平衡表

年　月　日

科目名称	期初余额		本期发生额		期末余额	
	借方	贷方	借方	贷方	借方	贷方
合计						

业务73-1

银行对账单

单位：永兴顺钢构有限公司　　2022年12月31日　　单位：元

日期	结算方式	票号	借方金额	贷方金额	余额
12月1日					450 000.00
12月1日	转账支票	02353115		116 390.00	566 390.00
12月1日	转账支票	02695302		80 000.00	646 390.00
12月1日	转账支票	02513301	36 556.00		609 834.00
12月2日	现金支票	07858410	5 000.00		604 834.00
12月3日	其他	0145010		600 000.00	1 204 834.00
12月4日	转账支票	02513302	116 539.66		1 088 294.34
12月4日	其他		282.50		1 088 011.84
12月5日	转账支票	02513303	10 900.00		1 077 111.84
12月6日	转账支票	02513304	5 300.00		1 071 811.84
12月6日	电汇		71 070.00		1 000 741.84
12月6日	其他		5.50		1 000 736.34
12月7日	委托收款			135 000.00	1 135 736.34
12月8日	银行汇票	2532031		152 550.00	1 288 286.34
12月8日	电子转账		43 494.50		1 244 791.84
12月8日	电子转账		18 210.50		1 226 581.34
12月8日	电子转账		36 120.00		1 190 461.34
12月9日	电汇		30 000.00		1 160 461.34
12月10日	转账支票	02513305	12 000.00		1 148 461.34
12月10日	转账支票	02513306	1 500.00		1 146 961.34
12月10日	转账支票	02753608		587 600.00	1 734 561.34
12月10日	转账支票	02513307	3 000.00		1 731 561.34
12月11日	转账支票	02513308	100 631.25		1 630 930.09
12月12日	委托收款			150 000.00	1 780 930.09
12月13日	其他		80 850.00		1 700 080.09
12月13日	现金支票	07858411	5 000.00		1 695 080.09
12月14日	信汇			60 000.00	1 755 080.09

(续表)

日期	结算方式	票号	借方金额	贷方金额	余额
12月15日	转账支票	02513309	2 500.00		1 752 580.09
12月17日	银行汇票	2598358		1 400.00	1 753 980.09
12月17日	转账支票	02484610		186 000.00	1 939 980.09
12月18日	转账支票	02513310	6 847.80		1 933 132.29
12月18日	转账支票	02513311	10 000.00		1 923 132.29
12月20日	电汇		50 000.00		1 873 132.29
12月20日	其他		5.50		1 873 126.79
12月22日	转账支票	02513311	500.00		1 872 626.79
12月22日	转账支票	02353115		3 000.00	1 875 626.79
12月22日	利息			795.87	1 876 422.66
12月27日	委托收款		888.00		1 875 534.66
12月27日	委托收款		27 231.00		1 848 303.66
12月28日	委托收款		1 050.00		1 847 253.66
12月31日	电汇			165 000.00	2 012 253.66
12月31日	其他		1 500.00		2 010 753.66
合计			676 982.21	2 237 735.87	

建设银行于洪支行　　　　　　　　　　　操作员：001852

业务73-2

银行存款余额调节表

2022年12月31日　　　　　　　　　　　　　　　单位：元

项目	金额	项目	金额
企业银行存款日记账余额 　加：银行已收、企业未收款 　减：银行已付、企业未付款		银行对账单余额 　加：企业已收、银行未收款 　减：企业已付、银行未付款	
调节后余额		调节后余额	

业务75

资产负债表

会企01表

编制单位：　　　　　　　　　　　　年　月　日　　　　　　　　　　　　　　单位：元

资产	期末余额	上年年末余额	负债及所有者权益	期末余额	上年年末余额
流动资产：			流动负债：		
货币资金			短期借款		
交易性金融资产			交易性金融负债		
应收票据			应付票据		
应收账款			应付账款		
预付款项			预收款项		
其他应收款			合同负债		
存货			应付职工薪酬		
合同资产			应交税费		
持有待售资产			其他应付款		
一年内到期的非流动资产			持有待售负债		
其他流动资产			一年内到期的非流动负债		
流动资产合计			其他流动负债		
非流动资产：			流动负债合计		
债权投资			非流动负债：		
其他债权投资			长期借款		
长期股权投资			应付债券		
长期应收款			长期应付款		
其他权益工具投资			预计负债		
其他非流动金融资产			递延收益		
投资性房地产			递延所得税负债		
固定资产			其他非流动负债		
在建工程			非流动负债合计		
生产性生物资产			负债合计		
油气资产			所有者权益(或股东权益)：		
无形资产			实收资本(或股本)		
开发支出			其他权益工具		
商誉			其中：优先股		
长期待摊费用			永续债		
递延所得税资产			资本公积		
其他非流动资产			减：库存股		
非流动资产合计			其他综合收益		
			盈余公积		
			未分配利润		
			所有者权益(或股东权益)合计		
资产总计			负债和所有者权益(或股东权益)总计		

财务负责人：　　　　　　　　　　　　　　制表：

业务76

利润表

会企02表

编制单位：　　　　　　　　　　年　月　　　　　　　　　　　单位：元

项目	本期金额	上期金额
一、营业收入		
减：营业成本		
税金及附加		
销售费用		
管理费用		
研发费用		
财务费用		
其中：利息费用		
利息收入		
加：其他收益		
投资收益(损失以"-"填列)		
其中：对联营企业和合营企业的投资收益		
公允价值变动收益(损失以"-"填列)		
资产减值损失(损失以"-"填列)		
信用减值损失(损失以"-"填列)		
资产处置收益(损失以"-"号填列)		
二、营业利润(亏损以"-"号填列)		
加：营业外收入		
减：营业外支出		
三、利润总额(亏损总额以"-"号填列)		
减：所得税费用		
四、净利润(净亏损以"-"号填列)		
五、其他综合收益的税后净额		
(一)以后不能重分类进损益的其他综合收益		
1.重新计量设定受益计划变动额		
2.权益法下不能转损益的其他综合收益		
(二)以后将重分类进损益的其他综合收益		
六、综合收益总额		
七、每股收益		
(一)基本每股收益		
(二)稀释每股收益		

财务负责人：　　　　　　　　　　　　　　制表：

业务77-1

增值税及附加税费申报表
(一般纳税人适用)

根据国家税收法律法规及增值税相关规定制定本表。纳税人不论有无销售额,均应按税务机关核定的纳税期限填写本表,并向当地税务机关申报。

税款所属时间:自 年 月 日 至 年 月 日　　填表日期: 年 月 日　　金额单位:元(列至角分)

纳税人识别号(统一社会信用代码):□□□□□□□□□□□□□□□□□□　　所属行业:

纳税人名称:		法定代表人姓名		注册地址		生产经营地址	
开户银行及账号		登记注册类型				电话号码	

	项目	栏次	一般项目		即征即退项目	
			本月数	本年累计	本月数	本年累计
销售额	(一)按适用税率计税销售额	1				
	其中:应税货物销售额	2				
	应税劳务销售额	3				
	纳税检查调整的销售额	4				
	(二)按简易办法计税销售额	5				
	其中:纳税检查调整的销售额	6				
	(三)免、抵、退办法出口销售额	7			—	—
	(四)免税销售额	8			—	—
	其中:免税货物销售额	9			—	—
	免税劳务销售额	10			—	—
税款计算	销项税额	11				
	进项税额	12				
	上期留抵税额	13			—	
	进项税额转出	14				
	免、抵、退应退税额	15				
	按适用税率计算的纳税检查应补缴税额	16				
	应抵扣税额合计	17=12+13-14-15+16		—		
	实际抵扣税额	18(如17<11,则为17,否则为11)				
	应纳税额	19=11-18				
	期末留抵税额	20=17-18				
	简易计税办法计算的应纳税额	21				
	按简易计税办法计算的纳税检查应补缴税额	22			—	
	应纳税额减征额	23				
	应纳税额合计	24=19+21-23				
税款缴纳	期初未缴税额(多缴为负数)	25				
	实收出口开具专用缴款书退税额	26			—	—
	本期已缴税额	27=28+29+30+31				
	①分次预缴税额	28		—		
	②出口开具专用缴款书预缴税额	29		—	—	—
	③本期缴纳上期应纳税额	30				
	④本期缴纳欠缴税额	31				
	期末未缴税额(多缴为负数)	32=24+25+26-27				
	其中:欠缴税额(≥0)	33=25+26-27				
	本期应补(退)税额	34=24-28-29			—	—
	即征即退实际退税额	35		—		
	期初未缴查补税额	36			—	—
	本期入库查补税额	37			—	—
	期末未缴查补税额	38=16+22+36-37			—	—
附加税费	城市维护建设税本期应补(退)税额	39				
	教育费附加本期应补(退)费额	40				
	地方教育附加本期应补(退)费额	41				

声明:此表是根据国家税收法律法规及相关规定填写的,本人(单位)对填报内容(及附带资料)的真实性、可靠性、完整性负责。

　　　　　　　　　　　　　　　　　　　　　　　　　　纳税人(签章):　　　　年 月 日

经办人:
经办人身份证号:　　　　　　　　　　　　　受理人:
代理机构签章:
代理机构统一社会信用代码:　　　　　　　　受理税务机关(章):　　　　受理日期: 年 月 日

增值税及附加税费申报表附列资料（一）

（本期销售情况明细）

税款所属时间： 年 月 日 至 年 月 日

纳税人名称：（公章）

金额单位：元（列至角分）

项目及栏次		开具增值税专用发票		开具其他发票		未开具发票		纳税检查调整		合计			服务、不动产和无形资产扣除项目本期实际扣除金额	含税（免税）销售额	扣除后	
		销售额	销项（应纳）税额	销售额	销项（应纳）税额	销售额	销项（应纳）税额	销售额	销项（应纳）税额	销售额	销项（应纳）税额	价税合计			含税（免税）销售额	销项（应纳）税额
		1	2	3	4	5	6	7	8	9=1+3+5+7	10=2+4+6+8	11=9+10	12	13=11-12	14=13÷(100%+税率或征收率)×税率或征收率
一、一般计税方法计税	全部征税项目	13%税率的货物及加工修理修配劳务	1												—	—	
		13%税率的货物及加工修理修配劳务、不动产和无形资产	2											—	—	
		9%税率的货物及加工修理修配劳务	3												—	—	
		9%税率的服务、不动产和无形资产	4												—	—	
		6%税率	5												—	—	
	其中：即征即退项目	即征即退货物及加工修理修配劳务	6											—	—	—	
		即征即退服务、不动产和无形资产	7	—	—	—	—	—	—	—	—	—	—		—	—	
二、简易计税方法计税	全部征税项目	6%征收率	8												—	—	
		5%征收率的货物及加工修理修配劳务	9a												—	—	
		5%征收率的服务、不动产和无形资产	9b												—	—	
		4%征收率	10												—	—	
		3%征收率的货物及加工修理修配劳务	11												—	—	
		3%征收率的服务、不动产和无形资产	12												—	—	
		预征率 %	13a	—	—	—	—	—	—	—	—	—	—		—	—	
		预征率 %	13b	—	—	—	—	—	—	—	—	—	—		—	—	
		预征率 %	13c	—	—	—	—	—	—	—	—	—	—		—	—	
	其中：即征即退项目	即征即退货物及加工修理修配劳务	14											—	—	—	
		即征即退服务、不动产和无形资产	15											—	—	—	
三、免抵退税	货物及加工修理修配劳务		16		—		—		—		—		—	—	—	—	
	服务、不动产和无形资产		17		—		—		—		—		—	—	—	—	
四、免税	货物及加工修理修配劳务		18		—		—		—		—		—	—	—	—	
	服务、不动产和无形资产		19		—		—		—		—		—	—	—	—	

业务77-2

业务77-3

增值税及附加税费申报表附列资料（二）

（本期进项税额明细）

税款所属时间：　年　月　日至　年　月　日

纳税人名称：（公章）　　　　　　　　　　　　　　　　　　　金额单位：元（列至角分）

一、申报抵扣的进项税额					
项目		栏次	份数	金额	税额
（一）认证相符的增值税专用发票		1=2+3			
其中：本期认证相符且本期申报抵扣		2			
前期认证相符且本期申报抵扣		3			
（二）其他扣税凭证		4=5+6+7+8a+8b			
其中：海关进口增值税专用缴款书		5			
农产品收购发票或者销售发票		6			
代扣代缴税收缴款凭证		7		—	
加计扣除农产品进项税额		8a		—	—
其他		8b			
（三）本期用于购建不动产的扣税凭证		9			
（四）本期用于抵扣的旅客运输服务扣税凭证		10			
（五）外贸企业进项税额抵扣证明		11		—	—
当期申报抵扣进项税额合计		12=1+4+11			
二、进项税额转出额					
项目		栏次		税额	
本期进项税额转出额		13=14至23之和			
其中：免税项目用		14			
集体福利、个人消费		15			
非正常损失		16			
简易计税方法征税项目用		17			
免抵退税办法不得抵扣的进项税额		18			
纳税检查调减进项税额		19			
红字专用发票信息表注明的进项税额		20			
上期留抵税额抵减欠税		21			
上期留抵税额退税		22			
异常凭证转出进项税额		23a			
其他应作进项税额转出的情形		23b			
三、待抵扣进项税额					
项目		栏次	份数	金额	税额
（一）认证相符的增值税专用发票		24	—	—	—
期初已认证相符但未申报抵扣		25			
本期认证相符且本期未申报抵扣		26			
期末已认证相符但未申报抵扣		27			
其中：按照税法规定不允许抵扣		28			
（二）其他扣税凭证		29=30至33之和			
其中：海关进口增值税专用缴款书		30			
农产品收购发票或者销售发票		31			
代扣代缴税收缴款凭证		32		—	
其他		33			
		34			
四、其他					
项目		栏次	份数	金额	税额
本期认证相符的增值税专用发票		35			
代扣代缴税额		36	—	—	

业务77-4

增值税及附加税费申报表附列资料(三)
(附加税费情况表)

税(费)款所属时间：　年　月　日至　年　月　日

纳税人名称：(公章)　　　　　　　　　　　　　　　　　　　　　　　　　　　金额单位：元(列至角分)

税(费)种	计税(费)依据			税(费)率(%)	本期应纳税(费)额	本期减免税(费)额				试点建设培育产教融合型企业			本期已缴税(费)额	本期应补(退)税(费)额
	增值税税额	增值税抵免税额	留抵退税本期扣除额			减免性质代码	减免税(费)额			减免性质代码	本期抵免金额			
	1	2	3	4	5=(1+2-3)×4	6	7			8	9		10	11=5-7-9-10
城市维护建设税 1														
教育费附加 2				—						—	—			
地方教育附加 3				—						—	—			
合计 4	—	—	—	—		—				—				

本期是否适用试点建设培育产教融合型企业抵免政策	□是 □否	当期新增投资额	5
			上期留抵可抵免金额	6
			结转下期可用抵免金额	7
可用于扣除的增值税留抵退税额使用情况		当期新增可用于扣除的留抵退税额	8
			上期结存可用于扣除的留抵退税额	9
			结转下期可用于扣除的留抵退税额	10

业务77-5

财产和行为税纳税申报表

纳税人识别号(统一社会信用代码)：□□□□□□□□□□□□□□□□□□
纳税人名称：
金额单位：人民币元(列至角分)

序号	税种	税目	税款所属期起	税款所属期止	计税依据	税率	应纳税额	减免税额	已缴税额	应补(退)税额
1										
2										
3										
4										
5										
6										
7										
8										
9										
10										
11	合计	—	—	—	—	—				

声明：此表是根据国家税收法律法规及相关规定填写的，本人(单位)对填报内容(及附带资料)的真实性、可靠性、完整性负责。

纳税人(签章)：　　　　　年 月 日

经办人： 经办人身份证号： 代理机构签章： 代理机构统一社会信用代码：	受理人： 受理税务机关(章)： 受理日期：　　年 月 日

填表说明：
1. 本表适用于申报城镇土地使用税、房产税、契税、耕地占用税、土地增值税、印花税、车船税、烟叶税、环境保护税、资源税。
2. 本表根据各税种税源明细表自动生成，申报前需填写税源明细表。
3. 本表包含一张附表《财产和行为税减免税明细申报附表》。
4. 纳税人识别号(统一社会信用代码)：填写税务机关核发的纳税人识别号或有关部门核发的统一社会信用代码。纳税人名称：填写营业执照、税务登记证等证件载明的纳税人名称。
5. 税种：税种名称，多个税种的，可增加行次。
6. 税目：税目名称，多个税目的，可增加行次。
7. 税款所属期起：纳税人申报相应税种所属期的起始时间，填写具体的年、月、日。
8. 税款所属期止：纳税人申报相应税种所属期的终止时间，填写具体的年、月、日。
9. 计税依据：计算税款的依据。
10. 税率：适用的税率。
11. 应纳税额：纳税人本期应当缴纳的税额。
12. 减免税额：纳税人本期享受的减免税金额，等于减免税附表中该税种的减免税额小计。
13. 已缴税额：纳税人本期应纳税额中已经缴纳的部分。
14. 应补(退)税额：纳税人本期实际需要缴纳的税额。应补(退)税额=应纳税额-减免税额-已缴税额。

业务78

基本财务指标一览表

比率类型	比率名称	单位	本期实际	本年年初	比率增减
变现能力比率	流动比率				
	速动比率				
资产管理比率	存货周转率	次			
	存货周转天数	天			
	应收账款周转率	次			
	应收账款周转天数	天			
	营业周期	天			
	流动资产周转率	次			
	总资产周转率	次			
负债比率	资产负债率	%			
	产权比率	%			
盈利能力比率	销售净利率	%			
	销售毛利率	%			
	资产净利率	%			
	净值报酬率	%			
	资本金利润率	%			